Retrato do Mestre

A Oração de São Francisco de Assis

Outros livros de James F. Twyman

Emissário da Luz – Ed. Rocco

O Segredo do Amado Discípulo – Ed. TRIOM

Orando Paz – Ed. TRIOM

As 10 Lições Espirituais que Aprendi num Shopping – Ed. Pensamento

Retrato do Mestre
A Oração de São Francisco de Assis

James F. Twyman
o Trovador da Paz

Tradução de
Dimas David dos Santos Silva

Esta história, baseada na vida de São Francisco, emocionará o leitor até a alma...
Neale Donald Walsch, autor de *Conversando com Deus*

TRIOM

Centro de Estudos Marina e Martin Harvey
Editorial e Comercial Ltda
1ª edição - 1ª reimpressão
São Paulo - 2014

Título original
Portrait of the Master

Primeira publicação: Findhorn Press, Escócia, 2000

TRIOM – Centro de Estudos Marina e Martin Harvey
Editorial e Comercial Ltda.
www.triom.com.br / editora@triom.com.br

Tradução: Dimas David dos Santos Silva
Revisão: Ruth Cunha Cintra
Ilustração da capa: Borges © 1992
Capa e diagramação: Casa de Tipos Bureau e Editora Ltda.

Edição patrocinada por Ruth Cunha Cintra

Dados Internacionais de Catalogação na Publicação (CIP)
(Câmara Brasileira do Livro, São Paulo, SP, Brasil)

Twyman, James F.
Retrato do mestre : a oração de São Francisco de Assis / James F. Twyman o Trovador da Paz ; tradução de Dimas David dos Santos Silva.
-- São Paulo : TRIOM, 2008.

Título original: Portrait of the Master.
ISBN 978-85-85464-70-7

1. Amor 2. Francisco, de Assis, Santo, 1181 ou 2-21226. Oração de São Francisco de Assis 3. Oração I. Título.

605 CDD-282.092

Índices para catálogo sistemático:

1. Oração de São Francisco de Assis : Cristianismo 282.092

2. Santos : Igreja Católica : Biografia e obra 282.092

Sumário

Dados Históricos

São Francisco de Assis fez três tentativas de pregar para os muçulmanos. No ano de 1212 d.C. naufragou a caminho da Terra Santa e foi obrigado a voltar para a Itália. Um ano ou dois mais tarde, a doença o forçou a abandonar uma viagem para se encontrar com os mouros na Espanha. Em 1219 foi ao Egito, onde os soldados da Quinta Cruzada estavam empenhados na captura de Damietta, no delta do Nilo. Com um irmão chamado Illuminato conseguiu entrar no acampamento muçulmano e pregar para o sultão (sucessor do grande Saladino e governador da Síria e do Egito). Conta-se que o sultão ficou impressionado e deu a Francisco permissão para visitar os lugares sagrados na Palestina. Contudo, notícias de distúrbios entre os frades na Itália obrigaram-no a voltar para seu país.

Não devemos ficar surpresos com o uso de termos modernos da parte de São Francisco, tais como 'ego'. Seu pensamento é atemporal e procura se expressar na linguagem mais apropriada à compreensão do leitor.

Começa a Viagem

Já fazia bastante tempo que Francisco estava na capela de São Damião, pensou o irmão Leo consigo mesmo enquanto andava de cá para lá diante da entrada, perguntando-se o que poderia ele estar fazendo. Será que havia quebrado o voto feito no dia em que seu pai espiritual lhe tinha dado a missão que ele ao mesmo tempo amava e desprezava? De todos os irmãos da ordem, por que teria sido ele o escolhido para tão desagradável tarefa?

Anos antes, Francisco o havia instruído para nunca deixá-lo visitar sua querida Clara sozinho, como se o fogo do Amor divino deles pudesse engolfar não só a eles, mas também a capela, a cidade e toda a Itália. Leo nunca tinha ficado incomodado anteriormente com esta parte de sua missão, a parte de impedir que Francisco visse a irmã Clara. Entretanto, agora ele tinha falhado, não tinha feito nenhuma resistência quando seu irmão lhe pediu para esperar perto da porta enquanto os dois conversavam sozinhos na capela.

— Estou sob sua responsabilidade — havia lhe dito Francisco anos antes. — Você deve me vigiar como se eu fosse uma criança e me proteger como se eu fosse um idiota sem nenhuma compreensão do mundo. Acima de tudo, meu caro irmão, nunca me deixe ficar contemplando a beleza da santa e abençoada Clara de Deus, que deu sua vida a Cristo como um anjo que se entrega ao céu. Eu permanecerei na terra servindo a Deus, com meus pés que andam e com minha voz que canta. Entretanto, Clara, ah, ela é diferente de mim, irmão Leo. A terra não pode pretender reclamá-la, pois o Senhor já cuidou de mantê-la bem perto do Seio Sagrado e alimentá-la como se fosse a primeira filha da própria vida.

— Sempre que viermos à capela de São Damião, nós dois ficaremos do lado de fora da porta e você se colocará entre mim e a Amada de Deus, impedindo-me de vê-la. E, se falarmos um pouco da graça do Todo-Poderoso ou da paixão do Divino, você deverá lembrar-se de tudo que for dito, pois, assim que as palavras saírem de meus lábios, serão absorvidas pela graça dela. Eu não conseguiria nem tentar me lembrar de palavras que são lançadas tão alto. Só poderei contemplar sua sombra e assim saber que ela está perto de mim. Isto é o máximo que você deve permitir, meu caro irmão, pois qualquer coisa além me feriria de um modo que não posso explicar. Contento-me com o som de seus pés sobre o piso de pedra. Isto me satisfaz mais do que todas as riquezas de Assis.

Para a irmã Clara as coisas eram muito diferentes. Ela ansiava em ver o humilde homem que lhe tinha dado essa nova vida. O escudo representado por Leo era como um imenso oceano entre eles, bloqueando a visão de seu amado espiritual. Anos antes, desde que tinha abandonado as riquezas de sua família para seguir o exemplo dado pelo querido Francisco, ela se resignara a viver entre as paredes do convento, escondendo-se do mundo comum no qual ainda existiam os irmãos. Somente sairia quando Francisco a chamasse; seu amor por ele era maior e mais sagrado do que qualquer amor humano. E, por causa da promessa feita a Francisco, Leo permaneceria entre os dois amantes de Deus, como se eles fossem pilares que o colocariam diante do trono do céu.

Clara sempre buscava ver através de Leo, esperando um olhar de relance de Francisco, como se fossem antigos amantes voltando ao abraço de sua paixão. Permanecer entre eles era quase insuportável para Leo. Entretanto, pelo amor de Deus e pelo espírito da obediência, ele se mantinha firme. Era melhor assim do que qualquer outra coisa que ele pudesse imaginar, porque tinha certeza de que não havia amor maior no mundo do que o amor que existia entre Francisco e Clara.

No entanto, não naquele dia, pensava Leo consigo mesmo, o som de seus pés ecoando pelas altas paredes de pedra do convento. Sua mente estava tão concentrada naquilo que ele havia permitido, que até se esqueceu de parar e ouvir os passarinhos que cantavam nas oliveiras próximas. Era um fato verdadeiramente raro, pois Leo amava os pássaros de Assis, o modo como brincavam e como juntavam suas migalhas. Muitas vezes ele comparava os irmãos a essas maravilhosas criaturas de Deus, tão simples e contentes com as graças que recebiam, e era isto, mais do que tudo, que o tinha levado a tornar-se um franciscano. Ele era apenas uma criança quando Francisco abandonou a fortuna de seu pai e adotou o manto de mendigo. Enquanto a cidade o insultava e as crianças lhe atiravam pedras, Leo se perguntava como seria viver em tamanha liberdade, rejeitar os mexericos inúteis da vida mundana e entregar-se à beatitude do Divino. Ele foi um dos primeiros a reconhecer a santidade da decisão de Francisco e, quando se tornou capaz, logo após ter completado dezessete anos, deixou seu pai e tudo aquilo que ele representava e começou a acompanhar o 'Rei dos Mendigos'.

O amor de Leo pela natureza e pela simplicidade de sua nova vida fizeram-no empenhar-se em encontrar uma maneira de expressar sua paixão. Desde criança, ele costumava desenhar o que via, atraído pelo mundo natural e pelas criaturas de Deus. Muitas vezes escondia sob seu manto um bloco grosseiramente costurado e escapulia para as colinas ao redor de Assis. Lá do alto Leo contemplava intensamente sua própria vida, tirando daquele reservatório uma rica coleção de imagens e de luzes, os matizes escuros e as sombras sutis que se misturavam com tanta naturalidade com o que via ao seu redor. O bloco ficava cheio de desenhos dos pássaros e animais que passeavam a sua volta como se ele fizesse parte do ambiente. Era muito natural, então, seguir o exemplo de Francisco, o santo que se unia à natureza. Eram muito parecidos e isto, mais do que tudo, foi o motivo pelo qual Leo foi incumbido da tarefa de fazer a crônica dos irmãos através da arte.

Até então Francisco nunca havia permitido que sua imagem fosse desenhada ou registrada de nenhuma maneira. Era a natureza humilde do homem que assim se manifestava ou era alguma coisa mais profunda que ninguém podia ver ou perceber? Qualquer que fosse o motivo, Leo ficou muito contente quando ouviu que Francisco tinha mudado de ideia. O papel de Leo de bloquear a visão de Francisco da santa Clara parecia terminado e finalmente ele obteve permissão para desenhar um retrato do mestre.

— O fundador de nossa ordem está prestes a partir em uma de suas famosas viagens, — tinha lhe contado o superior alguns dias antes — e quero que você, irmão Leo, o acompanhe e faça seu retrato durante o trajeto. Ninguém sabe para onde ele vai, mas há uma seriedade em seus olhos que nunca vi antes. É isto que você deve capturar no seu desenho, a profunda penetração de seu olhar quando ele está pensando em coisas que só um santo pode perceber. O retrato que você fizer será a representação oficial do futuro santo, portanto reze para que a Mãe Santíssima guie sua mão.

— Irmão, até agora tem sido minha tarefa ficar entre o santo de que o senhor fala e sua santa contraparte, a irmã Clara — disse

Leo a seu superior. — Sempre que ele vai à capela de São Damião, sou chamado para prestar este serviço; por amor ao meu voto de obediência sagrada, tenho servido de bom grado. Sempre fiquei calado em relação a meu desejo de desenhar sua fisionomia abençoada, embora secretamente ansiasse por uma oportunidade, desde muito tempo. Até agora fui somente seu escudo e uma adaga para seu coração. O que mudou de repente que agora permite que meu desejo se realize?

— O próprio irmão Francisco foi quem pediu — respondeu o homem. — Não sei por que, mas alguma coisa mudou em seu semblante. A missão que ele está indo cumprir é de importância crítica, mas isto é tudo o que sei a respeito. Ele também me disse que tem alguma coisa a ensinar-lhe. Disse que você entenderia do que se trata.

Leo pensou a respeito por um momento, indagando a si mesmo o que o irmão poderia estar querendo dizer. Então lembrou-se de algo que tinha dito a Francisco meses antes, uma questão referente ao uso da oração na ascensão da alma para o Divino. A oração era muito importante para a vocação dos irmãos e Leo sabia que havia um ritmo mais profundo que somente Francisco conhecia. Era este conhecimento que Leo gostaria de ter. Mais do que qualquer outra coisa, Leo queria ver através dos olhos da santidade, perceber a visão beatífica com o coração pleno e aberto. Talvez fosse a isso que o superior estivesse se referindo.

— Vá até ele, então — disse o irmão a Leo. — Apresente-se ao homem mais pobre e mais rico de Assis. Qualquer que seja o seu desejo, que ele lhe seja concedido pela graça do Divino. Quando voltar dessa viagem sagrada, traga consigo o retrato que desejamos, para que possamos nos lembrar de sua face por muitas gerações.

Leo continuou a andar para lá e para cá na frente da capela

enquanto se lembrava disso tudo. Se transcorresse mais um momento, seguramente sua resolução se romperia. Exatamente quando decidiu que irromperia na capela e tiraria Francisco daquele convívio, o mesmo apareceu na entrada, com Clara bem atrás dele. Permaneceram ali por um instante, sem falar nada, absorvendo os últimos raios de sua união e de sua luz espiritual. Então Clara virou-se e fechou a porta, voltando ao claustro.

Leo ficou com receio de quebrar o isolamento de Francisco. Uma grande tristeza fluía dele e Leo percebeu que se ampliava, como uma nuvem acima dos arredores. Da mesma maneira como as nuvens tendem a surgir em Assis, essa tristeza irrompeu como uma fúria e, em seguida, esmoreceu. Leo sentiu então uma clareza em seu irmão que não estava nele antes, e, enquanto desciam o caminho saindo de São Damião, essa lucidez aumentava conforme se acelerava o passo.

— Vamos partir para realizar uma missão de paz, irmão Leo. Você não falhou em seus votos, pelo contrário, cumpriu-os bem. Antes de partir eu precisava consultá-la, tirar de dentro dela a vontade do Divino. Agora que olhei dentro dos olhos dela e vi o pulsar de meu próprio anseio, podemos partir. É chegada a hora de realizar a tarefa mais verdadeira que nos foi dada para cumprir.

— Mas, para onde vamos? — perguntou Leo enquanto se esforçava por acompanhar Francisco.

— Vamos seguir a orientação de Cristo — disse Francisco. — Ele nos disse para amar nossos inimigos e abençoar aqueles que nos amaldiçoam. Esta lei é maior do que qualquer outra estabelecida pelos homens e deve ser considerada nossa tarefa mais sagrada. Mesmo que as mais altas autoridades do mundo me peçam para recusar este chamado, devo fechar meus ouvidos a elas. Sou fiel apenas ao Divino e é a Deus que responderei por isto.

— Vai me dizer para onde vamos? — O apelo de Leo era mais

pungente do que antes e Francisco se sentiu obrigado repentinamente a responder-lhe.

— Vamos partir imediatamente para as Cruzadas. Não vamos levar nada nesta viagem, vamos seguir de mãos vazias e de corações abertos. Os outros irmãos não sabem nada a respeito desta viagem, pois isto poderia colocá-los em grande perigo. Veja bem, não vamos confortar os cristãos, vamos cantar a mensagem da paz para os muçulmanos. Pretendo cruzar as linhas inimigas, chegar até o próprio sultão e expressar a ele, da maneira que puder, a verdadeira mensagem de Cristo. Quando fizer isto, tenho a certeza de que ele entenderá e interromperá esta terrível guerra. Se não conseguir, então morrerei como mártir e aceitarei esta sentença de bom grado. De qualquer maneira, vou fazer o que devo e Clara está de acordo.

Leo parou, os pés plantados na terra, incapaz de mover-se. Será que estava ouvindo direito? Durante todos os anos em que tinha estado com ele, nunca ouvira Francisco falar com tanta resolução. No entanto, isto era loucura. Ele só podia estar brincando, isto era suicídio. As Cruzadas já se desenrolavam por vários anos e milhares de soldados cristãos tinham dado suas vidas para proteger a Igreja. Por que um simples monge iria querer atravessar esse inferno pensando que teria sucesso onde todos tinham falhado, mesmo sendo um santo?

— Perdoe-me, Leo, pois eu o deixei de lado. Você tem sido meu companheiro durante muitos anos e desempenhou com perfeição o seu papel. Entretanto, não posso deixar que venha comigo através das linhas inimigas. Este caminho é só meu e não posso pedir a ninguém para seguir-me. Não posso nem mesmo pedir-lhe para acompanhar-me enquanto me preparo para esta viagem, pois pode haver graves consequências para qualquer pessoa que me auxilie.

— Que tipo de consequências? — perguntou Leo.

— Ontem recebi uma mensagem de Sua Santidade, o Papa, ordenando-me que não viajasse para a Síria para encontrar-me com o sultão. Ele disse que, se eu não atender a sua ordem e desobedecê-lo, serei excomungado pela Igreja. Rogou-me que não jogasse fora tudo pelo que já lutei tanto para conseguir. Entretanto, acredito que desistir dos muçulmanos é abandonar a própria base de nossa ordem e o próprio Cristo. Eles são filhos de Deus exatamente como nós, e esta guerra religiosa precisa ter um fim. Se o preço é ser excomungado, então aceitarei isto. Só não posso pedir o mesmo a você.

Leo ficou imóvel por um bom tempo, olhando nos olhos de seu irmão. O que poderia dizer? Começou a experimentar uma estranha mistura de medo e de coragem, parte dele querendo seguir em frente, a outra parte incapaz de fazer isto. No entanto, não estava totalmente surpreendido pelo rumo que Francisco decidira tomar. Ele só vinha falando nisso há várias semanas, rezando dia e noite pela paz e lembrando o apelo de Cristo em não resistir ao mal. Estava passando dias e noites em oração nas colinas do Monte Subásio, onde podia ficar sozinho em sua caverna. Será que era isso que estava desenvolvendo diante de Deus, este plano de desobediência e de redenção? Não era uma decisão simples para Francisco ir contra Roma, pois ele era muito ligado ao representante de São Pedro. Leo percebeu a importância da decisão e não hesitou em expor sua própria decisão.

— Não vou deixá-lo — disse ele. — Irmão Francisco, eu nunca poderia permitir que enfrentasse sozinho este perigo. Sou seu companheiro e abandonaria qualquer coisa para estar ao seu lado, mesmo que isto signifique que eu também possa ser excomungado.

— Irmão Leo, não posso permitir que atravesse a fronteira comigo. Se este é o seu desejo, pode viajar comigo até lá e aceitarei sua companhia de bom grado. No entanto, quando chegarmos à área ocupada pelos muçulmanos, vou mandá-lo voltar. Você então comunicará minha decisão aos outros irmãos e, se Deus quiser, eu voltarei depois para eles.

— Há uma pergunta que devo fazer — disse o irmão Leo a Francisco. — Não... existem duas perguntas que devo fazer-lhe. Falaram-me de sua vontade de ser retratado por mim. Sabe que eu gostaria muito de fazer isto e ficaria muito grato se pudesse. Quero saber, então, se me deixaria fazer isto sem o seu conhecimento. Em outras palavras, eu o desenharia quando você não estivesse atento, quando estivesse absorvido em alguma outra atividade. Desta forma, eu conseguiria capturar a essência de sua vida enquanto você a vive, não seria um retrato com pose, mas sim natural.

— A segunda coisa que quero é que me ensine o verdadeiro significado da paz e da oração. Eu o tenho ouvido durante anos, tenho prestado atenção em todas as maneiras pelas quais você honra e expressa os santos ensinamentos, mas é muito difícil para mim compreender isso tudo. Peço que, enquanto estivermos nessa jornada, você aproveite para explicar-me seu entendimento mais profundo da 'paz que ultrapassa a compreensão'. Se fizer o que estou pedindo, serei extremamente grato e o acompanharei para onde quer que vá. Também pintarei um retrato que se comparará às obras dos grandes mestres.

Francisco aproximou-se e tocou a face de Leo.

— Honrarei seus dois pedidos. Não me mostre seus desenhos enquanto não estiverem acabados. Acho que não conseguiria suportar se fosse de outra maneira. E eu ensinarei a você tudo que sei a respeito da Paz de Deus, irmão Leo. Será bom relembrar enquanto me encaminho para este teste de fé.

Foi assim que a viagem começou. Nenhum deles sabia o que viria pela frente, mas o irmão Leo tinha conseguido o que queria.

Transcorreriam semanas antes de atingirem o campo de batalha, semanas sob a atenção individual de um santo. O que mais podia Leo querer? Naquele momento nada mais importava para ele.

A Arte de Orar

Os pés de Leo estavam cansados e ele precisava desesperadamente de um descanso.

— Por favor, Francisco, vamos parar aqui apenas por um momento. Estamos andando há horas e seu ritmo fica mais rápido a cada passo. Parece que estou fazendo penitência só em tentar acompanhá-lo.

Francisco olhou para trás, obviamente desapercebido do desconforto de seu amigo.

— Perdoe-me, meu irmão — disse, enquanto voltava até onde Leo estava parado, exausto. — Minha mente está cheia dos ensinamentos de Nosso Senhor, da maneira eloquente e importante com que Ele nos ensina a Paz de Deus, ou, o que você mesmo denominou de 'a paz que ultrapassa a compreensão'. Entristece-me pensar que muito poucas pessoas levam em consideração a profundidade de Suas palavras, ainda que Ele seja extremamente claro a respeito do assunto. É mais fácil aceitar as ideias e ensinamentos que se encaixam perfeitamente nas crenças atuais das pessoas e ignorar as lições mais sutis e essenciais que nos desafiam a enfrentar mudanças.

— Sabe, irmão Leo, antes de podermos aceitar o verdadeiro significado da paz, é necessária uma transformação que abala a própria base de nossas vidas. Esta transformação exige que deixemos de lado todos os conceitos e crenças que temos e que aceitemos uma nova visão oferecida pela Mente do Senhor. Se acharmos que já temos a resposta, se seguirmos inflexíveis nossos caminhos, fechados em nossos pensamentos, então não conseguiremos ouvir a Voz de Deus que sussurra Seus segredos suavemente em nossos ouvidos. Para a maioria, é um trabalho de confronto que nunca aceitarão. Entretanto, na verdade, é a maior vitória que alguém pode alcançar enquanto ascendemos em direção ao trono do Senhor Amado.

— Contudo, se esta mudança torna clara a Mente e a Vontade de Deus, por que hesitamos? — perguntou o irmão Leo. — Não é então nosso maior desejo estar nessa Mente e conhecer os segredos do Divino?

— O portal de Deus é um lugar maravilhoso para quem se submete alegremente à Vontade de Deus, como você descreveu, irmão. Porém, para quem se agarra ao mundo, é algo terrível e amedrontador. Quando nos prostramos diante do Divino, somos solicitados a entregar-nos às mãos gentis de Deus, que nos amassam e moldam de acordo com a visão da santidade. Se formos dóceis e nos submetermos a este teste, então nos transformaremos no pão e no vinho consagrados, que, por sua vez, nutrem o mundo inteiro. No entanto, se resistirmos, se nos acovardarmos diante da Mão de Deus, então permaneceremos duros e improdutíveis, como uma crosta inútil atirada ao fogo. É o medo daquilo em que podemos nos tornar que nos acorrenta a estas formas. Para evitar a transformação do amor, nós nos fixamos naquilo que pensamos conhecer, ao invés de aceitar a visão mais clara que poderíamos ter.

— Você fala de transformação e transmutação de nossos desejos na Vontade de Deus — disse Leo. — Isso faz parecer que o nosso estado natural não está nem um pouco voltado para a paz que você descreve.

— Ah, é o oposto, caríssimo irmão. Nosso estado natural é que estejamos próximos a descobrir a realidade da paz, o pulsar da Luz Divina que mais verdadeiramente nos define. No entanto, acumulamos tantas camadas de crenças falsas e não naturais sobre esse altar sagrado que agora a paz é apenas uma memória obscurecida, um vestígio perdido e esquecido da realidade que ela reflete. A tendência natural da mente obscurecida é na direção do conflito, como já viu. Quanto mais nos afastamos da posição natural de harmonia e paz, mais vemos a guerra e o conflito como soluções reais. Então projetamos essa visão no mundo e retiramos dele tudo que se relaciona com esta versão da realidade e a justifica.

— Contudo, se o alicerce desta realidade é falso, irmão Leo, então tudo o que se origina dele também é. Ninguém consegue preservar determinados elementos do que é inerentemente falso e esperar que se transfiram para a experiência daquilo que é verdadeiro. Está compreendendo? O que é falso deve ser completamente abandonado e uma nova visão deve ser aceita, uma visão que ressoe com a Mente de Deus, da qual toda a realidade provém. Até então estaremos competindo com essa Mente e tal competição é a essência da vaidade.

Irmão Leo olhou confuso para Francisco, os olhos perdidos no vácuo. Tentou desesperadamente compreender tudo o que tinha ouvido, mas era um homem simples e pensava de maneira simples. Francisco, em sua enorme compaixão, entendeu imediatamente e pediu a Leo que se sentasse junto dele à margem da estrada.

— Era uma vez um homem que possuía uma grande extensão de terra que tinha herdado de um parente distante. Por não estar acostumado com os modernos métodos de agricultura, empregou para ajudá-lo um homem que ele tinha encontrado uma noite e que tinha dito que podia ensinar-lhe tudo o que precisava saber para produzir uma abundante colheita. Um desconhecido para aquele que tinha herdado a terra, este homem era, na verdade, um ladrão que planejava roubar seu dinheiro. O ladrão encheu uma sacola de pano com pequenos pedaços de metal dizendo que eram as sementes mais férteis da região toda. Disse então que venderia de bom grado essas sementes mágicas ao fazendeiro por uma elevada soma e que seu investimento o tornaria o homem mais rico das redondezas.

— Bem, o fazendeiro estava tão interessado em tirar algum proveito de sua herança que pagou o ladrão, que então partiu da região com seus bolsos cheios de dinheiro, com medo de que sua fraude fosse logo descoberta. O fazendeiro, enquanto isso, plantou imediatamente os pedaços de metal, com a esperança de colher a enorme colheita que tinham lhe prometido. Meses se passaram sem que surgisse um único broto. Embora o solo fosse fértil e rico de vida, os pedaços de metal se recusavam a produzir vida, pois eram em si mesmos completamente sem vida. O homem logo percebeu seu infortúnio e esperou até que chegasse a estação seguinte.

— Veio o inverno e a terra entrou em hibernação. Quando chegou finalmente a primavera, o fazendeiro ouviu uma voz dentro dele que lhe dizia: "Não plante nenhuma semente neste ano; espere pacientemente para colher o que já é seu". Visto que era ainda ignorante da forma como se comportava a terra, decidiu seguir o conselho e não ergueu um dedo durante toda a estação. Veio o verão e ele descobriu, para seu grande espanto, que a voz estava certa. Uma produção maravilhosa surgiu da terra e logo ele estava mais rico do que poderia imaginar.

— Acho que compreendi sua história — disse o irmão Leo, — mas, por favor, explique-me como ela se relaciona com o que você estava dizendo antes.

— Cada um de nós entra no mundo cheio de possibilidades — explicou Francisco. — Quando nascemos, somos como uma rica extensão de terra que tem o potencial de produzir uma enorme colheita ou tornar-se um deserto crestado pelo uso errado. Sendo novos para seguir nessa aventura, buscamos alguém que nos guie e nos ajude a usar nossa herança com sabedoria. É de suma importância que escolhamos um guia que esteja interessado em nosso benefício, caso contrário seremos roubados ou precisaremos esperar a próxima estação.

— Existem duas vozes ou guias que constantemente ouvimos para decidir por uma delas — continuou ele. — A primeira é a voz que nos guia em direção da verdade, dos ritmos naturais de uma vida que revela nossa verdadeira natureza. O segundo guia nos engana e nos leva a crer que existe um atalho para alcançar nosso objetivo. Este é como o ladrão que encheu a sacola de pedaços de metal, afirmando que eram sementes mágicas. Se o fazendeiro tivesse aprendido a confiar em sua intuição, que é inerentemente verdadeira dentro de nós mesmos, teria sido levado naturalmente e com certeza alcançaria o sucesso.

— Ao contrário, ele decidiu confiar no ladrão. Este afirma conhecer um meio melhor para que ele possa encurtar o caminho natural e chegar ao objetivo mais rapidamente e com ganho maior. O que ele não percebe é que as verdadeiras sementes já foram plantadas na terra do fazendeiro muito antes dele a ter herdado. Se tivesse sido paciente e tivesse esperado a estação apropriada para o crescimento, teria descoberto que uma colheita magnífica já era dele. Entretanto, em sua ânsia de riqueza, estragou as sementes que dormiam sob o solo, fazendo-as demorar a produzir uma estação inteira. Os pedaços de metal não podiam crescer, pois eram coisas mortas e inúteis.

— No entanto, quando chegou a estação seguinte as verdadeiras sementes brotaram — disse Leo como se compreendesse de repente a parábola.

— A parte final da história ilustra a compaixão de Deus, que nunca rouba a herança que é nossa por direito. A colheita é uma dádiva que nunca pode ser perdida. Podemos retardar nosso encantamento com a beleza de Deus, mas nunca deixá-la de lado para sempre. Mesmo o maior pecador, que desperdiça as graças tão generosamente outorgadas pelo Senhor Amado, fica em hibernação, como a terra de nossa história, para depois renascer para esperar pelo Senhor. Esta é a misericórdia da qual o Salvador falou quando caminhava entre nós. Este era o significado de suas parábolas mais sagradas. E é o segredo para descobrir a generosa parte que cabe a cada um de nós atualmente.

— Entendo — disse Leo, levantando-se de um pulo. — A Paz de Deus já está dentro de nós. Preocupar-se e forçar o que já está presente é romper o fluxo natural da criação. É isto que os místicos queriam dizer quando pregaram: "Espere com paciência o Senhor". Antecipar as dádivas de Deus é acreditar que ainda não estão presentes e esta ansiedade interrompe o fluxo de energia que, de outra forma, nutriria e sustentaria a dádiva. Quando aguardamos com atenção, certos da promessa do Senhor Amado, então conquistamos o prazer de ter o fruto das sementes que foram plantadas em nós quando fomos criados.

— Você entende mais do que revela, caríssimo irmão — disse Francisco enquanto se punha de pé e passava o braço ao redor de Leo. — Os mistérios da paz que você busca são quase seus.

— É fácil compreender quando você me conta histórias simples. Isto dá à minha mente alguma coisa em que se envolver.

— Então vou contar-lhe outra história. — Francisco pegou Leo pelo braço e começaram a andar novamente pela estrada.

— Havia outro fazendeiro em uma região diferente que tinha um campo muito parecido com a terra do homem da primeira história. Este fazendeiro tinha tentado todo tipo de planta e de semente, mas não tinha conseguido uma colheita razoável, estação após estação. Um dia, ouviu uma batida na porta e, quando foi responder, viu um santo homem da montanha de pé diante dele. Este santo homem era famoso por toda aquela região e o fazendeiro ficou extremamente contente em ter um hóspede tão honrado em sua casa.

— Entretanto, o santo não queria entrar na casa. Ficou parado do lado de fora da porta, segurando uma sacola roxa cheia de sementes, e disse ao fazendeiro, em uma voz baixa e séria, que as mesmas tinham vindo de um antigo templo, notável por sua sabedoria e poder. As sementes tinham sido conservadas em uma urna dourada por centenas de anos e, por este motivo, estavam secas e sem vida. Disse então ao fazendeiro que possuíam poderes mágicos que, quando liberados, produziriam a maior colheita conhecida pela humanidade. O santo tinha decidido dar as sementes ao fazendeiro como um presente. Somente brotariam se ele descobrisse o segredo que revelaria seu poder. De outra forma, não teriam qualquer valor para ele.

— Ele descobriu o segredo? — perguntou Leo, claramente interessado na história.

— Durante várias semanas ele estudou fórmulas mágicas e leu todo livro que encontrou. Lançou feitiços sobre as sementes, recitou palavras de terras arcanas e esquecidas. No entanto, as sementes não mudaram. Permaneciam tão mortas como no dia em que o santo as deu a ele. O fazendeiro ficou desconsolado, pois tinha acreditado em tudo que o santo homem lhe tinha dito. Decidiu que era um fracasso nisto, como em tudo o que fazia.

— Então, um dia, algo muito inesperado aconteceu. O fazendeiro tinha colocado um copo com água perto da sacola roxa e derrubou-o, fazendo a água espalhar-se sobre a mesa, deixando encharcado o saco. A princípio o fazendeiro nem pensou neste acidente, porém, vários dias depois, ele percebeu que o saco estava maior do que antes. Abriu-o e descobriu, para seu espanto, que as sementes tinham brotado. Esparramou-as pela mesa e soltou um grito de alegria. Quando chegou o tempo certo, aquele fazendeiro produziu a colheita mais abundante da região.

— Você precisa explicar-me esta história, Francisco. Da mesma maneira que na anterior, creio que as sementes representam as dádivas de Deus. No entanto, qual é o significado da água que desencadeia o poder das sementes?

— Exatamente como você disse, irmão Leo, cada um de nós recebe de nosso Pai Divino dádivas que são gratuitas e dadas com alegria. No entanto, se não usarmos estes presentes com sabedoria, eles ficarão velhos e secarão, como se tivessem morrido. Contudo, não importa quanto tempo transcorra, não importa quanto tenhamos negligenciado a semente de nossa divindade, existe um segredo mágico que tem a capacidade de trazê-la de volta à vida, desencadeando seu poder. Quando descobrimos esse segredo e o aplicamos, começamos a crescer espiritualmente e conseguimos riquezas divinas além de nossa imaginação.

— Qual é esse segredo?

— É assim que vou manter minha promessa a você, irmão Leo. Vou lhe ensinar esse segredo, pois é a coisa mais simples, mais sagrada que você pode colocar diante de si. É assim que você aprenderá o significado mais profundo da paz. O segredo será a água que estimula sua alma, trazendo de volta à vida as maravilhosas dádivas que foram suas desde o início dos tempos. No decorrer de nossa jornada, ensinarei a você os mistérios desse segredo e a semente de sua vida brotará e, em seguida, produzirá uma abundante colheita. Então você saberá tudo o que sei e entenderá o ritmo divino da mesma maneira que eu o percebo. Este é o presente que lhe darei, irmão Leo. É tudo o que posso verdadeiramente oferecer.

— Diga-me, por favor, qual é o segredo, a água que aviva a semente seca e sem vida dentro de nós.

— É muito simples, Leo. É a oração. Oração é a água que traz a alma de volta à vida. Eu o ensinarei a rezar. Então você será tão rico quanto o fazendeiro de nossa história. Em cada dia de nossa jornada juntos eu lhe darei uma oração para você nela concentrar sua mente. Cada oração será como um código que pode escapar de sua mente, mas avivará seu coração. Quando chegarmos às Cruzadas, você terá tudo de que necessita para experimentar o verdadeiro significado da oração. Então a base da realidade não parecerá tão distante, caríssimo irmão, mas aparecerá diante de você, dentro de você e em tudo ao seu redor. Você é aquela base, pois esta oração o trará de volta a si mesmo. Então eu o deixarei e irei até o sultão.

Senhor, fazei de mim um instrumento da Vossa paz

Era quase noite e os dois homens tinham caminhado durante horas. Leo andava sem pressa atrás de Francisco, tentando considerar e absorver tudo o que tinha aprendido durante aquele primeiro dia. Sentia-se como se estivesse andando no ar, tão satisfeito estava por ter este tempo sozinho com o famoso santo. Estava contente em ouvir e aprender, confiando que logo entenderia o verdadeiro significado da paz.

— Irmão Leo, gostaria de falar-lhe um pouco mais a respeito da oração — disse Francisco parando e voltando-se repentinamente. — Eu lhe falei antes que a oração é o ingrediente mágico que inspira a alma e acende a verdadeira experiência da paz. Para a alma endurecida pelo ódio e desespero ou para aquela cuja vida seja regida pelo medo e tenha esquecido como amar, a oração é como um unguento que alivia e reaviva, trazendo de volta à vida aquilo que parecia morto e isolado.

— Explique-me o que você entende por oração — disse Leo. — Parece que existem muitas maneiras de abrir-se para Deus.

— Prece é entrega, irmão Leo. É voltar aos braços do Divino e fundir-se no abraço do Senhor Amado. Existem muitas maneiras de rezar, mas é esta imersão que é importante. Pedir a Deus que nos dê algo que pensamos não ter é o nível inferior da oração. Abrir a alma ao esplendor da eternidade, absorvendo a luz de Deus como se fosse uma fonte, é o nível mais alto: é a oração sem palavras que Deus não pode ignorar, porque une a alma com a correnteza divina da qual toda a vida flui. Existem também orações que usam palavras e conceitos, que têm o mesmo efeito das outras sem palavras. A força de nossa reza nasce nas asas de nossa intenção, nada mais. É para ali que devemos nos voltar se quisermos julgar o valor de nossa canção para Deus. Quando nossa intenção é o amor, então a oração é o caminho que nos leva ao trono de nosso verdadeiro lar.

— Quando rezamos as orações antigas estamos mais longe de Deus do que quando falamos do fundo de nossos corações?

— A prece nunca tem valor pelas palavras que falamos, meu irmão, mas pela devoção que colocamos nas mesmas. Sem este amor, não importa o quanto seja bela a oração, ela fica vazia e sem vida. Foi dessa energia que o Apóstolo Paulo falou quando disse que, sem amor, somos como símbolos de ruído. Quando rezamos do fundo do coração, o éter de nosso amor se fixa à oração e a mesma é carregada pelas asas dos anjos até o altar do divino. Sem amor, nossas preces são como pesos de chumbo demasiadamente pesados para os anjos carregarem. Ficam no chão e são esquecidas, em nenhuma ocasião sentindo o vento cortante do céu.

Leo olhou à frente deles e viu um homem puxando um carrinho cheio de madeira, indo para um vilarejo próximo. Embora o carrinho parecesse cheio e pesado, o homem assobiava uma alegre canção enquanto andava e Leo ficou maravilhado como a disposição do homem podia permanecer tão leve enquanto puxava uma carga tão pesada.

— Veja aquele homem — disse-lhe Francisco. — Nós dois juntos não seríamos capazes de empurrar aquele carrinho tão bem quanto ele. No entanto, lá está ele, feliz e assobiando uma canção, totalmente alheio a sua pesada tarefa, mas cumprindo-a com amor. Seria razoável que amaldiçoasse a carga, deplorasse seu trabalho árduo e que sonhasse com a hora em que o terminasse. Eu lhe digo que sua canção é sua prece e o peso de seu carrinho não está nem um pouco relacionado com o prazer que ele sente. Se não fosse pela canção, ele amaldiçoaria uma carga que tivesse a metade daquele tamanho. É a sua intenção que alivia seu caminho, não a sua força. Removendo-se essa intenção, o carrinho cairia por terra. Sua oração o alinha com energias das quais ele é absolutamente inconsciente, mas que servem para uni-ló aos espíritos da terra e do céu.

— Existem ocasiões em que estamos mais preparados para orar do que em outras? — perguntou Leo.

— Se existissem, então aquele homem faria melhor em guardar sua canção para a outra ocasião e para outro lugar. É como perguntar se existem ocasiões mais apropriadas para respirar. A prece é o ato de estar consciente da respiração de Deus, que flui através e ao redor de nós, a cada instante de nossas vidas. Será que o alento divino nos esqueceria, ainda que fosse apenas por um instante? A prática da oração, portanto, é tornar-se consciente da Consciência de Deus. Cada respiração nossa, cada pensamento que temos se torna um ato de orar, pois não conseguimos nos separar daquele alento, exceto em nossos sonhos.

Francisco e Leo seguiram o homem e logo chegaram ao vilarejo. Ficaram olhando enquanto ele parava o carrinho em um estábulo e se dirigia para a porta de uma casa próxima. Uma criança abriu a porta e lançou seus braços ao redor do pai quando ele entrou. Os dois homens permaneceram ali parados, olhando a cena com grande alegria e então continuaram sua caminhada para esmolar a refeição da noite.

Enquanto se dirigiam para o centro do vilarejo, viram um homem encostado em um muro de pedras tocando uma pequena flauta de madeira. A música que ele tocava era doce e melódica e Francisco começou a dançar na rua alegremente. Em poucos minutos juntou-se uma multidão para ver a maneira estranha mas curiosa com que ele acompanhava a música, para frente e para trás, saltando com os braços esticados. Leo ficou embaraçado e se postou de lado, apenas observando. Então ouviu uma mulher que estava parada perto dele dizer que reconhecia o estranho mendigo. Começou um alarido na multidão, que se perguntava se este era o 'Santo de Assis', o famoso irmão Francisco que havia inspirado não só a Itália como toda a Europa. O homem que tocava a flauta estava muito contente em ter tamanha audiência e, quando Francisco parou de dançar, todos na multidão, que então já passava de cinquenta pessoas, começaram a aplaudir freneticamente. Até o homem que estava encostado no muro de pedras mostrou sua gratidão aplaudindo com suas enormes mãos.

Embora Francisco estivesse quase sem fôlego, começou um de seus sermões de improviso, pelos quais ele era famoso. Olhou para o céu e esticou os braços como um pássaro gigantesco, as mangas do hábito caindo e dando a impressão de asas.

— Senhor, faz de mim um instrumento da Sua paz — rezou ele, em uma voz alta e penetrante. — Dá-me a forma de uma flauta colocada em Seus lábios divinos e preenche-me com o sopro de Seu espírito. Circunda minha alma com Seus dedos e cobre os furos de minha vida. Faz de mim uma canção para o Senhor Amado, um hino à santidade de Seu amor divino e gracioso. Ensina-me o que significa render-se ao ritmo de Sua dança, Senhor. Retira-me o copo vazio de minha vaidade e enche-o com o Seu vinho sagrado. Deixa-me beber até que eu fique embriagado pelo Seu amor, então segura-me bem para que eu possa cair em Seus braços abertos.

— Senhor, ensina-me a tornar-me um instrumento de Sua graça. Abre meu coração e deixa que o fluxo de Seu amor penetre em mim, como um rio refrescante. Então, junta minha boca à Sua para que eu possa provar a doçura de Seus lábios e a plenitude de Seu alento sagrado. Deixa Sua música ressoar em meu coração e dominar-me de modo que eu não consiga conter-me. Então deixa-me dançar pelo pulsar rítmico de nossos corações em uníssono, o pulso celestial sem o qual não posso sobreviver.

— Senhor, faz de mim um instrumento de Sua paixão. Revolve as profundezas de meu espírito e mostra-me o que é ficar louco por amá-Lo. Deixa que meu coração grite de dor de tanta ternura e que seja ferido pela seta de Seu olhar aguçado e penetrante. Prende-me em Seu quarto e obriga-me a esperar pelo Seu abraço. E quando acabar a luz do dia e finalmente vier a mim, chama-me com o olhar e cairei diante de Si, como um rio que se funde ao mar ou como a terra se envolve ao redor das raízes de uma grande árvore.

A multidão estava tão dominada pela beleza de suas palavras que muitas das mulheres caíram de joelhos e os homens começaram a rezar em voz alta. Juntaram-se ao redor do santo e pediram-lhe que os abençoasse. Francisco olhou em seus olhos e disse-lhes que já tinham sido abençoados pelo Senhor. Durante mais de uma hora ele andou entre as pessoas, rezando e lhes falando do amor de Deus. Então as pessoas foram embora e Leo ficou sozinho diante de seu irmão e eles se abraçaram.

— Obrigado por deixar-me vê-lo desta maneira — disse Leo

a Francisco. — Sou provavelmente o homem mais rico da Úmbria, embora seja ainda um mendigo de Deus.

— As riquezas de Deus nada têm a ver com o dinheiro, irmão Leo. Temos dentro de nós uma fonte de abundância que o mundo não consegue entender. Entretanto, poucos de nós chegaremos a descobrir a origem dessa riqueza porque tendemos a olhar para fora de nós mesmos e acreditamos que só podemos ser satisfeitos pelas riquezas do mundo. O tesouro que buscamos está dentro de nossos corações, caríssimo irmão. É lá que precisamos cavar, por baixo dos desejos e do apetite do ego. Quando tivermos conquistado esses demônios, então a mina se abrirá e o ouro se amontoará a nossos pés. Então descobriremos o verdadeiro significado da riqueza, que é o mesmo da graça, que é o mesmo do amor.

Pouco tempo depois, Francisco e Leo sentaram-se juntos em um grande monte de feno, uma boa cama para dois viajantes. Tinham comido pão e queijo que uma boa mulher que tinham encontrado no vilarejo lhes tinha dado e estavam cansados de um longo dia de caminhada. Leo pensou na oração que Francisco havia compartilhado com a multidão. Era comum Francisco expressar-se de maneira tão eloquente, mas havia alguma coisa no que ele tinha dito que atingiu Leo de uma maneira diferente.

— Francisco, esta noite você falou de tornar-se um instrumento da paz. O homem que tocava a flauta certamente foi a inspiração para essa prece, mas eu esperava que você a explicasse melhor.

— Leo, quero que você leve muito em consideração a primeira linha dessa prece. Deixe que esta seja a oração em que você se concentrará em seus sonhos: 'Senhor, faz de mim um instrumento da Sua paz'. Duas dessas palavras são mais importantes do que todas as outras – são 'instrumento' e 'Sua'. Vamos começar com a palavra 'instrumento'. Assim como a flauta que foi tocada pelo homem que estava encostado no muro de pedra, um instrumento não consegue tocar por si só. Deve entregar-se ao músico para ser tocado. Pode até pensar que seu próprio respirar possa produzir o som que deseja, mas não sai nenhuma música dele, exceto em sua imaginação. Esta imaginação tentaria enganar a verdade e mudar as regras da realidade. Esta é a maior ofensa que alguém possa imaginar, pois quem pode mudar a Santa Vontade de Deus?

— Da mesma forma, cada um de nós é chamado para ser um instrumento da paz. Entretanto, só quando nos entregamos ao fluxo divino interior é que somos tocados, assim como a flauta. De outro modo, seríamos silenciosos como um caniço antecipando som e música; só imaginar o fluxo de sabedoria e de percepção não nos leva a lugar nenhum. Até que percebamos a futilidade de tentar tocar por nós mesmos, somos como um instrumento encostado no canto da sala, logo esquecido por todos da casa.

— Então chegamos à palavra seguinte. 'Faz de mim um instrumento da Sua paz'. Como eu já disse, é vaidade pensar que conhecemos os caminhos da Graça Divina. Assim que entramos nesse estado de transgressão, não conseguimos entender o real significado da paz. Não é nossa a definição de paz que buscamos, mas a de Deus. A verdadeira paz não tem definição, é uma experiência que transcende a todas as definições. Quando nos entregamos à corrente divina que existe dentro de nós e nos abrimos a uma nova visão da santidade, essa experiência nos envolve e somos repentinamente engolfados pela realidade que buscamos. É como um túmulo que nos traz à vida, irmão Leo, não à morte. É como o túmulo de Nosso Senhor, que viu a futilidade da morte, então ergueu-se para a eternidade. Da mesma forma, nós também experimentaremos a futilidade do ego e nos ergueremos para uma vida que existe além de nossa definição oca.

— Eu compreendo, irmão Francisco. Somos todos convocados a nos entregar a Deus, para nos tornarmos instrumentos da Paz Divina. Somente quando nos libertamos de nossas definições de paz é que a realidade da mesma nos é concedida. Então somos solicitados a distribuir essa dádiva, gratuitamente, assim como ela nos foi dada. Este é o caminho que seguimos quando liberamos a nossa vontade e nos entregamos à Divindade, que é a base de nossa existência.

— Irmão Leo, você logo estará ensinando a mim. Estou muito grato por ter um companheiro como você. Vamos dormir e orar para que o Senhor nos ensine em nossos sonhos.

Em seguida, os homens se cobriram com feno e caíram no sono.

Onde houver ódio, que eu leve o amor

Na manhã seguinte, Francisco e Leo acordaram quando raiou a aurora e, enquanto estavam ajoelhados contemplando o sol que nascia, começaram a rezar. Leo tirou o feno que estava preso em seu hábito e tentou desesperadamente clarear a vista, esfregando os olhos como se ainda estivesse dormindo. Francisco, enquanto isso, abriu os braços e começou a orar em voz alta.

— Senhor, saudamos o sol que se ergue no Oriente e ilumina nossa alma. Você, sagrado irmão, que aquece a terra e faz tudo crescer, ensina-nos o que significa abrir-nos ao seu esplendor, afastando as cortinas que ocultam nosso medo. Então veremos pela primeira vez a verdade que você contempla, a Luz que vive dentro de nossos corações e que é semelhante à que está dentro de si. Você nos olha cá embaixo como se fôssemos seus filhos e junta todas as criaturas em seu quente abraço. Agora, levantando-nos como todas as criaturas, saudamos este novo dia, pedindo que o mesmo nos leve mais próximos aos Céus que lhe dão apoio e o requisitam até mesmo agora. Ensina-nos como dar tudo que temos para, quando cair a noite e formos descansar, você clareie o caminho para sua irmã mais sagrada, a lua. Ela agora está dormindo, a amante gentil que segue o seu caminho. Ilumine o caminho dela, caro irmão, para que possamos nos alegrar quando as luzes se apagarem e novamente formos acalentados em seus braços abertos. Então nossos sonhos serão como os seus, cheios da Luz que transcende as sombras de nossos sonhos esquecidos, abraçados para sempre por nosso Amado Deus.

Então Francisco olhou para Leo e disse:

— Espero que tenha dormido bem em sua cama de feno, irmão Leo.

— Várias vezes pensei que fosse feita das penas mais fofas da Itália — respondeu Leo sorrindo. — Lembra-me de quando o encontrei pela primeira vez, muitos anos atrás. Meu coração estava tão cheio de amor que até uma pedra pareceria macia para mim.

— Lembro-me de noites em que dormimos realmente em lajes de pedra — disse Francisco rindo. — Mesmo naquelas ocasiões cantávamos nossa grande riqueza, ainda que nossas barrigas geralmente estivessem vazias. Podíamos ver as velas bruxuleando em cada quarto de Assis, mas nossa simplicidade fazia com que nos sentíssemos mais abençoados do que as outras pessoas. É bom recordar aqueles dias, caro irmão. É bom também estar aqui nesta viagem com você.

— Tenho uma pergunta que gostaria de fazer, irmão Francisco — disse Leo, ficando de pé. — Quando chegarmos à Síria e estivermos diante do sultão, o que você irá dizer a ele? É tão difícil imaginar tal coisa, mas eu realmente me questiono sobre o que acontecerá nesse dia. Conheço você já desde muitos anos e senti seu arrebatamento quando estava possuído pelo espírito do Senhor Amado. Entretanto, agora é tão diferente daqueles tempos. Esses homens querem destruir os defensores de nossa fé, sob o peso das espadas. No entanto, vamos entrar em suas cidades sem levar nenhuma arma, exceto a espada do amor e o escudo da compaixão.

Francisco pareceu confuso por um momento, como se não estivesse bem certo do que iria fazer. Levantou-se e passou o braço pelos ombros de Leo, dizendo-lhe:

— Meu caro irmão, sinto muito se você não entendeu minhas palavras quando começamos nossa viagem, mas eu não posso permitir que me siga neste destino incerto. Devo ir até o sultão sozinho e morrer, se esta for a vontade de Deus. No entanto, apesar disto, meu coração está repleto com a riqueza que lhe mostrarei. A verdade que encontrei também deve ser dele, pois somos todos iguais diante dos olhos do Senhor. Entretanto, você não estará ao meu lado quando chegar o momento desta exposição. Estará então voltando para os irmãos que tanto amamos, levando debaixo do braço o retrato que vai fazer.

— Lembro-me do que me disse, mas insisto em continuar. Você tem sido mais do que um irmão para mim, tem sido também pai e mãe, deu-me uma família inteira para amar. Agora que estamos aqui juntos, que sentido há em seguir você e, quando mais precisar de mim, voltar-lhe as costas e ir-me embora? Não tenho medo do que possa ocorrer. Tenho mais medo de como me sentirei se ouvir falar do seu destino e souber que eu não estava lá para dar-lhe o meu apoio.

Francisco começou a voltar para o vilarejo que tinham visitado no dia anterior. Leo correu para alcançá-lo, perguntando-se o que tinha mudado de repente.

— Onde está indo, irmão Francisco?

— Você acha que estamos em busca de uma aventura que está nas mãos dos muçulmanos e que vai perdê-la no momento de seu ápice — disse Francisco. — Volte comigo para esta cidade e vamos buscar uma resposta. Não sou eu quem vai deter o fluxo do seu destino. Há sinais por todo o canto que nos levarão na direção correta. Vamos procurá-los hoje e assim conhecer o caminho certo.

Francisco então parou e olhou nos olhos de Leo.

— Prometi ensinar-lhe o verdadeiro significado da paz, meu irmão. Ela é uma misteriosa amante que sussurra Seus segredos suavemente em seu ouvido. Você precisa ter a vontade de deixar de lado seus sentidos materiais para poder ouvir a Sua voz. Se Ela desejar sua presença, então você poderá continuar comigo até onde você quiser. Entretanto, se você se mantiver surdo as Suas palavras, então seguiremos no nosso plano original e você voltará a Assis sem mim.

— Está bem, eu concordo — disse Leo a ele. — Quero ouvir esse sinal mais do que qualquer coisa neste mundo. Algumas vezes eu o sinto ecoando fundo no meu coração, mas quando finalmente afino meus ouvidos com o som da Sua voz, ela se cala. Ajude-me, caro irmão, a acelerar esta sensação de que posso ganhar este prêmio, então aceitaremos Sua Vontade com passos obedientes.

— O que é que você aprenderia com Ela, se tem esta sensação? — perguntou Francisco.

— Aprenderia sobre o amor. Buscaria a chave que pudesse abrir qualquer porta, o aroma que leva qualquer alma ao enlevo de Sua graça. O que poderia eu esperar saber que o amor não me revelasse, se eu não respondesse a seu chamado?

Francisco estava alguns passos na frente de Leo e parecia ansioso em voltar ao vilarejo que tinham deixado.

— Então buscaremos hoje esse amor — disse ele sem se voltar. — Buscaremos a voz d'Ela através de todos que encontrarmos, mergulhando no mistério do amor como se fosse um oceano. Faça disto sua prece, o pensamento sagrado que satisfará sua busca:

'Onde houver ódio, que eu leve amor'. Com certeza as pessoas deste lugar podem lhe oferecer a lição que deseja, cada uma de acordo com sua própria experiência de amor.

Andando, aproximaram-se de um menino que estava correndo na direção deles. Francisco parou a criança e perguntou:

— Rapaz, você que corre sem o peso de ser adulto, diga-nos o que sabe sobre o amor.

O rapaz parou e pensou por um momento, então olhou para os dois homens e disse:

— O Amor é como uma árvore gigantesca em que eu subo até o galho mais alto. Quando eu me sento no topo dessa árvore, não preciso me preocupar em cair, pois até o vento que sopra percebe que estou seguro nos ramos dela. Sim, mesmo se eu me balançar para frente e para trás, de um galho para outro, ainda assim eu me sentiria seguro, pois sei que a árvore é minha amiga.

Eles continuaram a andar até que viram uma velha catando lenha às margens da estrada. Seus braços estavam quase cheios dos gravetos que tinha encontrado e, quando Francisco lhe fez a mesma pergunta sobre o amor, respondeu-lhe:

— O Amor é trabalho duro. Ele faz o que lhe é ordenado e se apressa a obedecer as ordens da alma. Não pula de pessoa para pessoa, mas fica muito quieto no lugar onde lhe disseram para morar. Se o Amor se mudasse de lugar, um espaço vazio seria criado e a solidão rapidamente se instalaria na casa. Sim, o Amor é como minhas costas, com fragilidades e fraturas, mas que mesmo assim se vergam, nunca revelando sua dor.

Francisco e Leo chegaram ao vilarejo e se dirigiram para uma fonte perto de uma movimentada praça de mercado. Havia ali muitas carroças, cheias de grande variedade de alimentos, e as pessoas andavam de cá para lá como abelhas colhendo mel de todas as flores que viam. Francisco notou um homem que vendia verduras e encaminhou-se para ele, dizendo:

— Diga-me, senhor, você que vende o que a terra lhe dá, como definiria o amor?

O homem afastou-se da carroça para que Francisco pudesse ouvi-lo acima do ruído do mercado e disse:

— O Amor é como um campo. Requer muito cuidado para que se possam aproveitar suas dádivas. Algumas vezes alguém planta uma semente no solo, mas os pássaros descobrem-na antes que a mesma tenha a possibilidade de criar raízes; nesses casos eu faço um espantalho, que fica dia e noite no campo para confundir os pássaros. Então a semente começa a crescer e aparece mato perto dos brotos; então, eu me ajoelho e examino um a um, arranco o mato da terra e deixo que cresçam as plantas boas. Quando é o tempo certo, chamo meus filhos para me ajudar na colheita dos alimentos que vendemos aqui no mercado. Sim, amor é como os produtos que você vê na minha carroça. É o resultado de meses de atenção e trabalho, mas, por sua vez, ele nos preenche e nutre nossos corpos para que possamos continuar esse trabalho.

Francisco viu então um padre que estava caminhando com os olhos fixos em algum texto sagrado. Ele parou o padre na rua e disse:

— Monsenhor, você que fala com Deus e cujas mãos ministram os santos sacramentos, diga-me o que há por trás das cerimônias e ritos antigos. Diga-me o que sabe sobre o amor.

O padre parou e fechou seu livro. Então, olhou sobre as casas que se alinhavam na praça e apontou na direção da igreja, dizendo:

— Olhe lá se quiser entender o amor. Não existe nada por trás desses ritos. Tudo que sabemos nos foi ensinado pela Santa Madre Igreja. É a voz dela que seguimos, não a nossa. Só sabemos aquilo que foi revelado através de seus representantes aqui na terra, bispos e padres. Quando há uma questão ou uma dúvida, a pessoa precisa fixar sua atenção no altar, onde a verdade é revelada. Sim, eles precisam confiar naquilo que sempre foi ensinado e não aventurar-se no pântano onde o discernimento pode falhar.

Um político passava pelos dois homens e Francisco o parou.

— Desculpe-me, senhor, você que segue a lei que estabelece o caminho correto que devemos seguir, o que pode me dizer a respeito do significado do amor?

O político parou o que estava fazendo, pesou a oportunidade de exprimir seu ponto de vista e disse:

— Quem segue a lei é que entende o verdadeiro significado do amor. Vivemos juntos, mas percorremos solitários nosso caminho, perdidos nos sonhos que nos foram transmitidos por nossos pais, que também receberam os sonhos de seus pais. Contudo, não estamos sozinhos, não é mesmo? Existem regras a seguir e leis a obedecer. Como posso amar os outros se desprezo a comunidade de nossos sonhos? Ora, então eu não estaria prestando um serviço, seria um ladrão que clama uma coisa mas faz outra.

— Eu não compreendo — disse-lhe Leo. — O que é então o amor, sob a sua perspectiva?

— Ah, você está tentando encurralar-me e forçar-me a direcionar o rumo das minhas palavras? — respondeu o político, começando a afastar-se. — Eu não posso permitir isto. Fazer com que tudo tenha sentido só diminuiria minha apreciação do amor, não a melhoraria.

Francisco e Leo riram em silêncio, não muito seguros do que pensar sobre aquele homem. Enquanto riam, uma jovem deu de encontro com Francisco, que a fez parar e lhe perguntou:

— Descreva-me, se quiser, a sua visão do amor. Como você definiria esee maravilhoso estado?

A jovem pensou por um momento, pressionando um dedo de sua delicada mão contra o queixo, então sorriu e respondeu:

— O Amor é como um homem forte, cujos olhos são ternos e dóceis. Ele sabe quando é hora de usar a sua força, mas, quando eu me aproximo dele, sua mão vem na direção da minha com a sensibilidade de uma pomba. Se alguém demonstra querer me fazer mal, ele se torna mais alto e se prepara para lutar. Entretanto, quando estamos sozinhos, ele se solta em meus braços e se torna novamente uma criança. Sim, é assim que é o amor. Para os que estão de fora, parece duro e temível, porém, quando se remove a armadura, é suave e dócil, como uma rosa que espeta quem passa correndo, mas se inclina para ser cheirada pelo amante que aprecia seu perfume.

Eles viram, então, uma mulher com um bebê nos braços e se aproximaram dela com a mesma pergunta:

— Fale-nos a respeito do amor — disse Francisco a ela. — Traduza para nós o que esta criança sabe em seu coração e que certamente você compreende.

A mulher segurou a criança de modo que Francisco e Leo pudessem ver seu rosto e então lhes disse:

— Olhem nos olhos desta criança e entenderão o verdadeiro significado do Amor. Existe uma inocência nela que o mundo logo roubará, mas que agora está intacta. Todos nós nascemos neste estado de graça, mas logo as pressões do tempo se manifestam e somos forçados a abandoná-lo como se fosse apenas uma ilusão. Entretanto, enquanto dura, sim, durante o tempo em que eu posso ainda segurá-la em meus braços, eu me lembrarei do que já foi tão claro. Quando o tempo chegar e ela ficar de pé por si mesma, então meus olhos se obscurecerão junto com os dela e entraremos de mãos dadas no mundo dos sonhos.

Finalmente ficaram sozinhos novamente e começaram a andar na direção da zona rural. Enquanto caminhava, Leo se perguntava quais segredos o Senhor Amado teria sussurrado ao seu ouvido, que certamente ele tinha deixado passar desapercebidos. Ele esperava que Francisco revelasse mais o que se passava em sua mente, expondo as lições que ele deveria descobrir por si. Entretanto, o silêncio era profundo e Leo esperou durante muito tempo antes de rompê-lo com suas palavras.

— Ouvimos tantas descrições do amor hoje — finalmente disse Leo, enquanto andava atrás de seu amigo — e cada uma nos falou mais da própria pessoa do que da experiência em si. Peço que você se abra e descreva o que vai pelo seu coração, Francisco. Fale-me do amor e da paixão que você descobriu.

Francisco continuou de costas para seu amigo e continuou andando. Era como se uma nuvem escura de repente tivesse se formado e o peso da mesma tivesse se acumulado sobre ele. Ouvia o ruído do vento como se fosse uma voz que lembrasse e falasse a ele de sonhos que ele achava ter deixado morrer. Era como se surgissem da paisagem e projetassem sobre ele longas sombras que o cobriam. O ar ao seu redor repentinamente se tornou frio e ele permaneceu imóvel como uma estátua em um mundo que só ele podia perceber.

— Tempos atrás, meu caríssimo irmão, você me pediu para descrever os frutos do amor e as palavras fluíram de minha boca para você como leite — disse finalmente Francisco. — As palavras chegam tão fáceis para quem está centrado, com o coração compreendendo os segredos. Qualquer pessoa pode falar durante horas a respeito das coisas que aparecem diante delas como uma névoa, mas sem tocar o espírito do amor, essa radiante fonte que ensina o coração a respeito dele mesmo. Somente aquele que olha para dentro de si mesmo, nos aposentos e nas cavernas escuras que conservam os espinhos que podem nos ferir, é que consegue subir até o galho mais alto da mais alta árvore e apanhar na ponta daquele ramo o fruto mais doce. A maioria das pessoas fica contente em permanecer no chão e pegar apenas os frutos que caem por terra. O restante parece inatingível, e assim se torna.

Leo caminhou até onde estava Francisco e perguntou:

— Por que você está falando desta maneira tão de repente? Apenas um momento atrás estávamos conversando sobre a paixão do amor e, de repente, isto o fez interiorizar-se. Fale-me do que está vendo agora.

Lágrimas começaram a formar-se nos olhos de Francisco e sua respiração tornou-se pesada e acelerou-se. Parecia que ele estava se esquivando de algo, de uma memória ou de um anseio que o feria como se fosse uma espada. O que quer que fosse, ele o mantinha na respiração e não o afastava da mente. Melhor segurar isto como uma criança, pensou ele consigo mesmo, ainda que seja muito pesado. Melhor empurrar de volta para dentro de uma das vastas câmaras do coração, onde poderia ser amado e tratado, ao invés de enterrá-lo no lugar oculto onde só vivem as sombras.

— Uma vez eu cantei a melodia do amor — sussurrou Francisco — embora, naquela época, o amor ainda estivesse muito longe de mim. Quando era jovem, eu corria pelas ruas de Assis ansiando pelo perfume da amada, que se prendia em meu peito. Entretanto, eu nada sabia a respeito do amor, exceto da paixão que invade e derruba todos os tolos. Agora, eis-me aqui, convocado pela chama do amor, arrebatado pelo vento do amor, consumido pelo próprio alento do amor, e, ainda assim, nada tenho a lhe dizer. Abro minha boca para falar, mas minhas palavras são um sussurro abafado que nem eu mesmo consigo ouvir. Estou mudo, sem palavras, sem vontade de olhar outra vez na direção dela. O que veria eu se a olhasse de novo, irmão Leo? Será que o rosto dela é tão lindo quanto era quando arrisquei um primeiro olhar, tantos anos antes de saber como um único momento de amor pode destruir a vida de um homem? Ou será que suas feições endureceram, como aconteceu com as minhas, pela ação dos anos que nos separaram?

— O amor me agasalhou com um manto dourado em meus ombros e pediu-me para esperar por ela até que ela volte. Quanto tempo faz? Não tenho certeza de nada. Só sei que o manto ficou pesado nas minhas costas e não sei por quanto tempo mais conseguirei suportar seu peso. Existem ocasiões em que tenho vontade de jogá-lo no rio gelado e vê-lo seguir correnteza abaixo até que desapareça da minha vista. Aí ouço a voz dela, vinda de algum lugar à distância, que não consigo perceber onde é. É o suficiente para satisfazer-me, o suficiente para me fazer esperar talvez mais outro ano. Estou com frio agora e me perguntando se nunca mais cantarei.

Leo puxou Francisco pelo braço e levou-o até um tronco caído onde puderam sentar-se. Lágrimas se derramavam dos olhos de Francisco como se ele estivesse repentinamente acometido por uma força invisível que só ele podia ver. Nada havia que Leo pudesse dizer-lhe, nada que pudesse ajudá-lo a suportar essa dor. Esperou até que Francisco limpasse as lágrimas dos olhos com a manga do hábito.

— Desabafe comigo, por favor — implorou Leo. — Não consigo suportar vê-lo neste estado. Se você está assombrado por um sonho que o persegue mesmo durante o dia, deixe-me compartilhá-lo e ficar ao seu lado para que possamos matar juntos esse dragão.

Francisco riu dessa imagem. Em sua mente ele podia ver Leo ao seu lado, com um imenso cajado, brandindo-o ferozmente na direção de um monstro que soltava fogo. Limpou a garganta e pegou a mão do amigo.

— Meu caro Leo, quero confessar-lhe uma coisa. Há um peso na minha alma que preciso soltar, caso contrário logo ele me destruirá. Vou dizer-lhe algo que nunca contei a ninguém, algo que nunca ousei revelar. Levei anos para conscientizar-me disto, embora sempre tivesse havido uma parte de mim que sabia de tudo. Nunca conseguimos nos esconder de nossa sombra durante muito tempo, embora fechemos os olhos e achemos que ela é invisível para o mundo.

— Diga-me, então. qualquer coisa que você tenha vontade — disse Leo a ele. — Independente do que seja, do peso que represente, nunca contarei a ninguém o que você me revelar.

— Ah, meu querido irmão, se você soubesse quem é que está lhe falando agora, ficaria quieto e se afastaria para sempre. Você faz de mim uma imagem conforme quer, que não corresponde ao meu eu verdadeiro. Eu só existo na sua mente, Leo. O homem que está diante de você não sabe nada, exceto as coisas que ouviu de outros.

— Como pode falar desta maneira? — disse Leo. — Todos na Itália o amam e até mesmo o Papa o exalta por sua santidade. As pessoas vêm de toda a Europa para buscar seus conselhos e muitas delas deixam para trás todas as suas posses materiais somente para segui-lo.

— As pessoas vêm a mim e pedem para que lhes fale sobre a vida, sobre o amor e sobre as bênçãos do Senhor. Se soubessem quem eu sou realmente, se vissem quem existe por trás desta fachada, ficariam em silêncio e me olhariam como se estivessem diante de alguém que nada sabe a respeito do amor. Se soubessem como fugi e ocultei minha face do apelo do amor, então não me reverenciariam tanto. Eles veriam que não sou diferente de nenhuma pessoa que conhecem e buscariam a companhia de alguém muito mais santo do que eu.

— Sabe, meu irmão, quando eu era jovem tinha uma visão do amor. O amor aparecia diante de mim, fechando meus olhos para tudo, a não ser para sua glória. Eu vivia dessa maneira, dormia no doce abraço desse amor e aprendia muitos dos mistérios que você está buscando entender. No entanto, alguma coisa mudou. Algo surgiu em meu coração que me fez correr em busca de um abrigo. Uma tempestade repentina desabou sobre mim e eu fechei as janelas do meu coração para escapar da dor que senti. O ruído do vento encheu meus ouvidos e roguei a Deus para que me tornasse surdo. Contudo, ao invés do silêncio, ouvi sua voz, que me fez voltar-me para dentro de mim mesmo, afastando-me da promessa de amor e dirigindo-me para a sombra do medo.

— De que está falando, Francisco? Sinto a dor em suas palavras, mas não consigo entender sua causa. Parece que o amor mudou para você ou que você descobriu um caminho que perturba sua mente. Certamente isto não quer dizer que...

— Quer dizer exatamente o que digo que significa. Fujo do abraço do amor, da possibilidade de um amor raro e maravilhoso, escondo-me esperando que ele se vá. Se eu tivesse sabido mais... se pudesse ter sentido a súbita mudança no ar, então talvez eu tivesse sabido o que fazer. No entanto, não consigo esconder-me daquilo que sou, não consigo esquecer-me do que ela poderia ter sido para mim.

— De quem você está falando? — perguntou Leo. — Existe uma senhora que tenha se apoderado de seu coração e que você nunca nos tenha mencionado antes?

O irmão Leo queria, com estas palavras, aliviar a tensão. Era uma brincadeira, uma forma de tirar Francisco das sombras e trazê-lo de volta à luz, onde ele conseguisse falar livremente de seu penar. Ao invés disso, surgiu nos olhos dele um olhar que fez Leo perceber que sua flecha tinha atingido plenamente o alvo. Francisco sentou-se muito ereto sobre o tronco e olhou para o céu. Uma lágrima caiu de seu olho e seguiu o contorno de sua face até ser absorvida pelo tecido do seu hábito roto.

— Como eu disse antes, — gritou Francisco — você nada sabe a meu respeito.

— E como eu também já disse antes, — replicou Leo segurando a mão de Francisco — considero-me seu irmão de verdade e não julgarei nada que tenha feito ou venha a fazer.

Houve um longo momento de silêncio entre os dois homens e Leo se perguntou se não estava sendo presunçoso. Nada havia que Francisco pudesse dizer ou fazer que conseguisse mudar a opinião de Leo a respeito dele. Este era o homem que tinha salvado sua vida. Francisco era muito conhecido por sua humildade, mas agora era algo mais, Leo sabia disto. Não importa até que profundidade tudo levasse, Leo nunca sairia do lado de seu irmão. Francisco parecia sentir isso, como se os dois homens não estivessem apenas falando através das palavras, mas de coração para coração. Ele olhou para Leo e sorriu. Por um momento, o sol atravessou as nuvens.

— Na verdade, é tudo muito simples — disse Francisco. — Estou surpreso por você não ter sentido do que se trata ainda. Estou surpreso que o mundo inteiro ainda não tenha percebido a verdade. E qual é a verdade que meus lábios evitam? Simplesmente que sou apaixonado por Clara. Desde o momento em que a encontrei na capela de São Damião percebi que minha vida nunca mais seria a mesma. Contudo, também sei que o nosso não era um amor comum, como se o amor pudesse ser comum. É por isso que fujo dela desde então. A partir do dia em que a recebi na ordem até o momento em que você esperou por nós do lado de fora da porta da capela, nunca, nem uma vez estive sozinho com ela. O fluxo do meu amor é tão forte que o súbito fixar dos olhos dela seria o suficiente para romper o dique de minha indecisão. Quando estou diante dela preciso afastar meu olhar, para a direção de qualquer distração que eu consiga arranjar. Sempre coloquei meus irmãos, como você mesmo viu, como uma barreira entre nós, bloqueando minha vista daquela cujo amor poderia resgatar minha vida.

— Você vê, meu irmão, na verdade eu nada sei a respeito do amor, a não ser do egoísmo e do medo. Se assim não fosse, então o fogo do amor encheria todos os espaços vazios e eu o assumiria com força e vigor. Não, eu não assumi o amor. Escolhi o medo como companheiro, a solidão como minha noiva.

Leo não conseguia acreditar nas palavras que acabara de ouvir. Será que este era o mesmo homem que tão abertamente falava das virtudes da vida no celibato, cuja noiva espiritual o protegia com tanta força quanto qualquer homem o faria em relação à própria esposa? Uma faca cravou-se em seu coração e ele sentiu o frio da lâmina aguçada. Entretanto, em seguida ela foi retirada e Leo lembrou-se de quanto amava seu irmão. Ele não era como qualquer outro homem, que respira e anseia por amor? Como não pensar em um coração que bate como um tambor à espera de um momento de ternura? Seria possível negar tudo isso, como se tais desejos fossem de menos importância do que o chamado sagrado a que tinham respondido?

Leo então pensou em Clara, a Amada de Deus, que foi a primeira mulher a compreender a vida que Francisco e os outros irmãos levavam. Ela deixou tudo, como também eles tinham feito, e entregou sua vida ao estilo de simplicidade que eles amavam. Todos sabiam que havia um laço entre os dois santos que ninguém conseguia entender, mas o repentino desabafo de Francisco trouxe uma onda de confusão à alma de Leo.

Leo então apertou a mão de seu irmão, pois as portas de seu coração repentinamente se abriram, como uma flor que desdobra suas pétalas no momento em que sente o calor do sol da manhã. Limpou uma lágrima do olho de Francisco e lhe disse:

— Agora está tudo bem claro para mim. Por que se sente tão

surpreso por sentir-se desta maneira, por amar quem o ama tanto que até deu sua vida para imitar a sua? Vocês dois são árvores fortes que ficam em lados opostos do jardim. Seus galhos se esticam na direção do mesmo céu e são regadas pela mesma tempestade, mas, para quem fica olhando, parece óbvio que as duas são isoladas e solitárias. Ainda assim, é só olhar por baixo do solo e descobriremos uma vida diferente, pois as raízes são interligadas, tornando impossível afirmar que são distintas. As raízes são tão vastas que dão suporte e nutrem o jardim inteiro, assim como você e Clara nos nutrem a todos.

— Gostaria de sair desse jardim e de não me preocupar com sua dimensão. Gostaria de cair...

— Não, isto não adianta — disse Leo. — Se uma árvore cair, então a outra também cairá e o jardim inteiro perecerá. Você não quebrou nenhum voto, querido Francisco, nem nos desapontou de qualquer maneira. Na verdade, seu amor nos inspira a todos, a maneira pela qual você afasta o ódio com sua disposição de partilhar as dificuldades. Clara é sua noiva tão certamente quanto qualquer homem que ama uma mulher e Deus convocou vocês para um relacionamento sagrado que desafia todas as fronteiras. Isto não é algo que seja para se depreciar, mas para seguir com grande júbilo. Nosso Senhor os abençoou com uma dádiva preciosa, e está certo que você aceite este prêmio com gratidão e ainda mais amor.

Francisco olhou nos olhos de Leo por um longo momento e pareceu que a nuvem de desespero finalmente tinha se dispersado.

— Você levou para seus pulmões a prece de hoje e agora a está devolvendo para a minha boca — disse ele. — Você é mais do que um valioso companheiro, Leo, é um verdadeiro amigo. Sua prece foi atendida, assim como a minha está respondida pelas suas palavras. Pode continuar comigo enquanto quiser, até mesmo ao encontro do sultão, se assim o desejar. Como posso mandá-lo de volta agora? E se eu precisar novamente do seu conselho? Não, você ficará ao meu lado.

Nos dias que se seguiram, Francisco e Leo passaram por muitos vilarejos e, sempre que viam uma capela ou um mosteiro, paravam e rezavam. Leo preferia ajoelhar-se no fundo, rezando em silêncio. Francisco, por outro lado, ia até a parte da frente da igreja, à frente do altar, e prostrava-se diante do Sagrado Sacramento, ficando imóvel nessa posição pelo menos durante meia hora. Então se levantava e começava a cantar em voz alta, entoando as palavras enquanto caminhava. Desta maneira louvava o Divino e, embora Leo não o acompanhasse, alegrava-o muito presenciar a espantosa devoção exibida por seu irmão.

Um dia, quando estavam em meio às orações, um monge irrompeu na capela e repreendeu-os. Foi diretamente ao assunto e, enquanto bloqueava o corredor de passagem, Leo podia ver seus olhos injetados de raiva. Parou diante do altar, fez uma genuflexão, e atirou-se contra Francisco. Este, contudo, não resistiu ao ataque. O monge agarrou-o pelo hábito, arrastou-o pelo corredor e o pôs para fora da porta. Leo correu atrás deles, dominado pelo medo.

— Qual é o significado deste ultraje? — gritou o monge. — Como se atreve a desrespeitar nossa capela desta maneira? Vocês nada mais são do que mendigos e não têm o direito de entrar em um lugar sagrado como este. O que estão pensando?

Francisco olhou para o homem enraivecido com os olhos de uma criança e não disse nem uma palavra. O monge, no entanto, continuou a agitar-se profundamente e a manter o corpo pronto para uma luta.

— Ande, responda-me, homem — gritou. — O que está fazendo aqui?

Os dois irmãos, contudo, permaneceram em silêncio e Francisco continuou a olhar profundamente nos olhos do monge com amor e compaixão. Segundos mais tarde o homem relaxou a postura e suavizou sua expressão. Leo observou esta transformação com grande espanto. Ele estava certo de que o monge estava prestes a bater neles, mas, pelo contrário, ele ficou muito quieto e sentou-se no degrau da capela.

— Talvez eu tenha exagerado — disse o monge. — Por favor, pelo amor de Deus, perdoem-me. Sou responsável pela manutenção desta capela e de diversas outras nesta área e têm surgido muitos vagabundos que é preciso escorraçar. Entretanto, não sinto nenhuma intenção má vinda de vocês. Quem são vocês e por que estão aqui?

— Somos peregrinos pacíficos a caminho das Cruzadas, — respondeu Francisco. — Quero pregar o evangelho para os muçulmanos e converter o sultão. Desta maneira terminaremos esta guerra e traremos a paz de volta a nossa terra.

O monge quase caiu para trás de tanto rir.

— Vocês não são vagabundos, são loucos — disse aos dois. — Não podem ir pregar para os muçulmanos. Eles são pagãos e merecem a vingança de Cristo. Certamente vocês serão assassinados se forem a qualquer lugar perto das Cruzadas. Sugiro que voltem para o lugar de onde vieram e que deixem esses assuntos para a Santa Madre Igreja.

Francisco continuou diante do homem, olhando-o com olhos cheios de amor, como se fosse uma criança. O monge, subitamente foi acometido por um sentimento que não entendeu e começou a fitar os dois homens. Seus olhos começaram a encher-se de lágrimas e ele se esticou e colocou a mão no braço de Francisco.

— Eu posso estar errado. Mais uma vez, peço desculpas pela maneira com que os tratei. Que o Senhor esteja com vocês na sua jornada.

O monge virou-se e afastou-se, obviamente aturdido pelo encontro. Saiu e foi procurar um lugar quieto para refletir sobre sua estranha reação ao incomum homenzinho que ele tinha expulsado da capela.

Leo virou-se para Francisco com uma expressão confusa no olhar, pois estava tão surpreso quanto o monge. Não disse uma palavra, mas Francisco sabia o que ele estava pensando.

— Por que você está tão confuso pelo que presenciou? — perguntou-lhe Francisco. — Quando nos permitimos ser instrumentos da paz, milagres ocorrem naturalmente. Tornamo-nos canais da Luz Divina quando recuamos e nos entregamos à Vontade de Deus. Nenhuma ilusão pode suportar a maré de luz, e o coração endurecido instantaneamente se suaviza.

— Você mal falou com aquele homem, entretanto ele se transformou completamente por sua causa. Tenho a certeza de que esta é minha próxima lição de paz.

Francisco pediu a Leo que o seguisse e eles continuaram a caminhada. Quando chegaram novamente à estrada, Francisco continuou.

— Há uma linguagem que o coração compreende mas que o ouvido não consegue escutar — disse ele. — Todos nós conhecemos essa linguagem e respondemos instantaneamente a ela. Não é falada através da boca ou de palavras, mas com os olhos e com o espírito. É como uma canção que atinge bem fundo o coração quando não estamos preparados e que nos comove de uma maneira que não conseguimos entender. O efeito é imediato, mais forte do que o vinho ou do que o remédio mais forte que conhecemos. Precisamos apenas ouvir os acordes dessa canção e já ficamos livres da discórdia, como se estivéssemos enlevados pelo delicado perfume de uma doce flor.

— Conte-me então, o que é que transformou tanto aquele

monge e que tem o poder de transmutar as energias do ódio e do medo?

— É o amor, irmão Leo, apenas o amor. Não existe força maior em todo o universo do que um coração centrado nesse estado sagrado. A raiva do monge nosso irmão não conseguiu suportar a energia do amor. O ódio que sentia não era, de maneira nenhuma, contra nós, mas se originava de um anseio mais profundo do qual ele não estava consciente. Oferecendo amor onde parecia haver um ataque, Deus curou o vazio e suavizou-o de uma maneira que escapou à sua mente, mas não ao seu coração. Tudo que fazemos é uma dádiva do amor ou um apelo para o mesmo. Portanto, a única reação apropriada em qualquer situação é o amor. Assim agindo, nós nos tornamos como o vento que refresca a todos que estão em campo aberto, independentemente do valor que atribuímos a cada um que ali esteja.

— Como podemos oferecer esta dádiva para os outros? — perguntou o irmão Leo.

— Eis aí uma questão muito boa, meu irmão. Existe uma maneira de olhar nos olhos do outro que abre a porta do coração, tornando-se uma fonte onde o outro pode beber. Há um exercício muito simples que o ajudará a ver desta maneira. Quando você tiver aprendido este exercício e o tiver praticado um pouco, não achará de maneira nenhuma estranha a transformação de nosso irmão, o monge.

— Quando olhamos para outra pessoa temos uma opção da qual normalmente não estamos conscientes. A maioria de nós olha nos olhos de uma pessoa e se concentra em como ela parece diferente de nós. É o ego que percebe estas coisas, não o espírito. O ego esqueceu que existe uma unidade subjacente que nos liga a todos, tornando-nos uma só entidade, uma extensão da Mente Sagrada de Deus. É mais fácil concentrar-se no modo como somos especiais e diferentes do que ver a verdade que o espírito percebe.

— A base dessas duas maneiras de 'ver' é também diferente. O 'self', que o ego percebe, se origina de uma sensação de separação e de desconexão. Portanto, sua base é o medo e está sempre concentrado em proteger as maneiras em que somos diferentes dos outros. A base da visão do espírito é bem diferente – é o amor, que busca reunir ao invés de separar. Quando olhamos para outra pessoa pelos olhos do ego, reforçamos a parte do outro que quer separar-se e ficar sozinha. Entretanto, quando olhamos através dos olhos do espírito, vendo passar todas as ilusões que parecem separar-nos, reforçamos a parte do outro que anseia pelo amor. Essa parte sente a nossa dádiva em um nível intuitivo, acima do intelecto. Pode até não saber o que está acontecendo, mas tem uma sensação de liberdade no olhar que preenche a pessoa e a faz lembrar de sua verdadeira natureza.

— Como posso praticar esse exercício, irmão Francisco? — perguntou Leo.

— Eu lhe direi como — respondeu ele. — Quando estiver diante de outra pessoa, finja que ela está usando uma máscara. Na verdade, enquanto estamos julgando a aparência externa de outra pessoa, estamos vendo apenas sua máscara, ou a forma com que ela se oculta da verdade que está dentro dela. Entretanto, imagine que está olhando através das aberturas da máscara, além do mistério, até atingir a face real. Esta é a identidade além da máscara, que chamaremos de 'eu verdadeiro'. Concentre-se naquela face ao invés de fazê-lo na face escondida pela máscara. Veja a verdade daquela pessoa, a alma que está em união com o Divino. Você também está unido com essa alma, que é outro aspecto da sua própria perfeição. Se olhar para a pessoa desta maneira, então os muros que nos separam começam a desaparecer e você a observa da mesma maneira que Deus. Não é verdade que o verdadeiro objetivo de nossa vida espiritual é ver como Deus vê e amar como Deus ama?

— O que acontece então?

— Você já viu o que acontece. A outra pessoa percebe o que você fez, não conscientemente mas em um nível mais profundo, mais essencial. Ela sente que você a ama pelo que ela é, não pelo que ela não é. Então, corresponde a esse amor, embora não consiga entender o que está fazendo. Todas as pessoas que encontramos anseiam por serem vistas pelos olhos da verdade e é isto que somos compelidos a fazer, irmão Leo. Nosso amigo monge sentiu o olhar do Divino sobre sua alma, a sensação de que estava sendo visto como realmente ele é. Quando isso aconteceu, não pôde mais atacar-nos. Depôs a espada e aceitou a dádiva que lhe tinha sido oferecida. Quando fazemos isto com todos que encontramos, então nos tornamos instrumentos de transformação, que é o ato de nos tornarmos conspiradores aliados de Deus.

Francisco então parou no meio da estrada e ajoelhou-se. Ele tinha sido repentinamente dominado pelo amor de Deus e gritou em voz alta:

— Vamos repetir a oração em que estivemos concentrados nos últimos dias, irmão Leo. 'Senhor, onde existe ódio, que eu leve amor.' Ajude-me a tornar-me a extensão de Sua sagrada visão, que eu possa olhar Sua criação com os olhos do amor. Ensine-me o que significa perceber a verdade, onde quer que eu vá, e a ser testemunha do Seu plano divino. Ative o centro do meu ser para que eu possa ver como o Senhor vê e amar como o Senhor ama. Então saberei realmente quem o Senhor é, meu Senhor Amado, simplesmente porque já O terei visto dentro de todos e de tudo.

Onde houver ofensa, que eu leve o perdão

— Você nunca respondeu minha pergunta: o que pretende dizer ao sultão quando finalmente chegar à terra dos muçulmanos? — perguntou Leo a Francisco.

Francisco parou à margem da estrada e pensou por uns instantes.

— Não sei — admitiu ele enfim. — Espero não dizer nada.

— O que significa isso? Por certo você não vai ficar parado diante dele em silêncio. Não está pretendendo...

— Quero dizer, irmão Leo, que não tenho nada para dizer, mas rogo para que o Senhor diga muita coisa através de mim. É isto que significa a oração 'faz de mim um instrumento da Sua paz'. Sou apenas a boca que serve como instrumento para o Divino. Quando me liberto de meus julgamentos, então Deus pode usar-me de formas que eu nem conseguiria imaginar. Se eu agir por mim mesmo, então estarei agindo a partir de um ponto fraco, não em união com a força eterna que pode ser minha. Entretanto, essa força só é minha se eu me render e me entregar aos braços do

Senhor Amado, sem me adiantar e pensar que tenho a resposta. Eu lhe asseguro, irmão Leo, estaríamos todos em uma grande confusão se eu pensasse que sei tudo.

— Mas, e se você for levado à presença do sultão e Deus nada tiver para dizer? — perguntou Leo, tentando desesperadamente agarrar-se às palavras de Francisco. — Como você consegue saber quando está sendo usado como um instrumento?

— É vontade de Deus que sejamos usados como instrumentos da paz a cada momento de nossas vidas, caríssimo Leo. Isto nos leva ao segundo estágio do crescimento espiritual, à confiança. Quando nos entregamos ao Divino, devemos então aprender a confiar na nova visão da realidade que nos é mostrada. É imensa a alegria de Deus ao revelar-nos os segredos do Reino, mas somente quando estamos prontos para nos render ao mundo que pensamos ter criado e para confiar na nossa própria realidade. Só então nossos olhos semicerrados perceberão a luz que ilumina o 'mundo verdadeiro'. É este o mundo que nos foi reservado desde o início dos tempos, o Reino de Paz que foi salvo da visão do pecado e da morte, a casa eterna que nunca deixamos, exceto em nossa imaginação.

— Como é que podemos aceitar esta visão? — perguntou Leo. — Desculpe a minha lentidão, mas as suas palavras são profundas demais. É difícil para mim alcançar esse seu nível e respirar o ar tão fino que você está respirando. Você precisa me dar algum exercício prático, alguma maneira de integrar essas palavras sagradas em minha vida.

— Então, deixe que seja esta a sua prece de hoje: 'Senhor, onde houver ofensa, que eu leve o perdão'. Esta linha simples contém tudo de que você necessita. Esta oração sagrada ilustra o instrumento mais importante que temos neste processo de transformação: o perdão. É o ato de sintonizar nossa mente com a mente de Deus, de pensar como Deus, de ver como Deus vê. Perdão é a forma de chegar o mais próximo possível dos portais do Céu, ainda estando no mundo. Através desta prática abençoada, sua mente ascenderá ao patamar mais alto da percepção, onde nenhum segredo fica oculto e nenhuma verdade permanece além de nosso entendimento.

— Está me dizendo que, para aprender a ver como Deus, devemos aprender a perdoar a quem nos faz qualquer tipo de erro?

— Estou dizendo que, se você quiser pensar e ver como Deus, deverá entender que o erro que foi cometido contra você na verdade nunca ocorreu.

— Eu não compreendo — retorquiu Leo. — Como posso ver alguma coisa e ao mesmo tempo não vê-la?

— Era uma vez um homem que caiu em um profundo sono — disse-lhe Francisco. — Enquanto dormia, sonhou que seu vizinho tinha cometido um terrível pecado contra ele. Ficou tão enraivecido que levou o vizinho a julgamento e esforçou-se para que o mesmo fosse condenado. Entretanto, exatamente quando o vizinho ia ser levado para a prisão, o homem acordou e descobriu que tudo não passava de um sonho.

— "Não vou deixar isto assim", disse o homem para si mesmo. "Não vou permitir que meu vizinho se safe deste crime só porque eu agora estou acordado e não estou mais sonhando." Levantou-se da cama, vestiu-se e foi até a casa do vizinho. Este, sem saber do sonho, pensou que seu amigo tinha vindo tomar o café da manhã com ele, mas, ao invés disso, foi arrastado para fora de sua casa, sendo espancado em seu próprio quintal. Ficou caído ali, semi-inconsciente, perguntando-se o que teria feito para merecer tal castigo. Seu vizinho disse-lhe então: "Agora você vai pensar duas vezes antes de roubar meus pertences". O homem que tinha sido espancado sentou-se e disse: "Não sei de que está falando, não lhe roubei nada". Contudo, o primeiro voltou para sua casa satisfeito por ter dado o castigo ao outro pelo crime.

— Esse homem estava louco — disse Leo. — Não sabia a diferença entre o sonho e a realidade.

— Pois este é o verdadeiro significado do perdão, irmão Leo. Quando você é capaz de ver a diferença entre o sonho e a realidade, não mais julgará outra pessoa por um crime que você acredite que ela cometeu. É nosso dever nos concentrarmos na inocência, não na culpa. Pense na oração que lhe dei hoje: 'Senhor, onde há ofensa, que eu leve o perdão', e você entrará na mente de Deus, começará a pensar como Deus pensa e a ver como Deus vê.

Ouviram a história muito antes de terem chegado à aldeia de Gubbio: um feroz lobo, que disseram viver perto da cidade, já tinha matado várias crianças (assim lhes contou o viajante). Medo havia se instalado no coração de todos os moradores da vila e eles estavam determinados a matar essa criatura, para que não acabassem sendo mortos por ela.

— Venha, vamos a Gubbio saber desse lobo — disse Francisco a Leo.

— Francisco, Gubbio está pelo menos a um dia de distância, na direção contrária. Será que não...?

— Mesmo que fossem três dias nos afastando de nosso caminho, ou uma semana, ainda assim deveríamos ir até lá.

Francisco parou e olhou para Leo com olhos profundos e compassivos.

— Este lobo é meu irmão, da mesma maneira que você o é. Posso sentir sua dor e a profunda ferida feita em sua alma. Imagine como seria sentir-se desprezado por uma aldeia inteira, vilipendiado e marcado para morrer. E se tudo não passasse de um engano? E se essa criatura tivesse sido ferida de alguma forma e tivesse se esquecido de como reagir com amor? Sim, Leo, vamos fazer as pazes entre o lobo e o povo de Gubbio. Assim aprenderemos o que significa perdoar.

— O que perdão tem a ver com o final desta disputa? — perguntou Leo.

— É isto que você deve descobrir por si mesmo, meu irmão. Lembre-se da sua oração para hoje: 'Onde há ofensa, perdão'. Esta criatura está mais próxima de nós do que você pode imaginar, Leo. Vejo meu próprio reflexo na ferocidade do olhar dela.

Leo compreendeu exatamente o que Francisco queria dizer. Ele era como o 'Lobo de Assis', especialmente durante aqueles solitários anos em que foi renegado pela cidade e desprezado até mesmo pela sua própria família. Francisco seguramente tinha sentido o isolamento que o lobo agora sentia, portanto não era surpresa que mudasse seus planos para atender sua busca por ajuda.

Quando chegaram a Gubbio, Francisco dirigiu-se diretamente para a praça principal da cidade e se aboletou no alto de uma fonte de pedra. As pessoas começaram a juntar-se ao seu redor e ele se pôs a falar-lhes a respeito do amor que Deus tem por todas as criaturas.

— Povo de Gubbio, venho a vocês como alguém que ouviu a voz de Deus nas criaturas e nos pássaros que vocês veem por aí, até mesmo nos campos ao redor do povoado. Em algumas ocasiões, quando estou perto de minha casa, gosto de deitar-me no chão com o ouvido pregado ao solo e ouvir o murmúrio delicado da terra. Ela me diz coisas que eu mal posso acreditar e minha alma se alegra quando as ouço. Ela me diz que somos todos sagrados aos olhos do Pai Divino, inclusive as criaturas da terra que enchem o coração de Deus com uma alegria sempre crescente. Mesmo as criaturas que vocês temem são amadas por Deus, pois todas têm um lugar no Reino do Céu.

— Todas, exceto o lobo que devora nossas crianças — berrou

um homem bastante forte. — Tal criatura só pode ser desprezada aos olhos de Deus.

— Mostre-me esse lobo para que eu possa conversar com ele e relembrá-lo da misericórdia de Deus — respondeu Francisco ao homem. — Talvez então esta criatura que vocês tanto temem se arrependa, assim como todos nós nos arrependemos, e faça as pazes novamente com vocês.

O homem começou a rir muito alto, escarnecendo do santo.

— Sabemos quem você é — disse ele. — É aquele lunático de Assis, que fala com os animais e os pássaros. Gostaria muito de vê-lo conversar com nosso inimigo. Será o seu fim se tentar.

Foi nesse momento que uma mulher baixa e gorda abriu caminho entre a multidão.

— Estes homens são uns covardes — disse ela a Francisco. — Eu o levarei ao covil do lobo e ficarei ao seu lado quando confrontar com a fera. Não tenho medo do lobo, nem dos animais patéticos deste povoado que se chamam a si mesmos de homens.

Um rugido de protesto levantou-se da multidão e, um minuto depois, todos estavam em marcha para os arredores atrás de Francisco, e a mulher se exibia junto a ele, como se fosse uma rainha. Pouco tempo depois chegaram a um penhasco e a multidão não queria seguir adiante. Francisco podia ver a caverna para a qual apontavam e, com a mulher ainda ao seu lado, dirigiu-se diretamente para sua entrada.

Enquanto tudo isto estava ocorrendo, Leo afastou-se da multidão e desenhou tudo o que presenciava. Suas mãos corriam pelo caderno e ele fez o melhor que pôde para retratar Francisco quando ele chegou ao topo da montanha, ou enquanto marchava confiantemente ao lado da mulher. Entretanto, uma parte de sua mente tinha medo de que a multidão pudesse estar certa. E se fosse aquele o fim de seu companheiro? Ele não se atreveu a manter este terrível pensamento por mais de um instante.

Quando Francisco e a mulher estavam a meio caminho da caverna, ouviram o som de pisadas fortes e dentes rilhando atrás deles. Viraram-se e viram o enorme lobo, os caninos à mostra e os músculos retesados, correndo na direção deles. A mulher caiu ao solo de medo e Francisco ouviu o forte arfar que surgiu da multidão à curta distância. Este, no entanto, não seria o momento de sua morte. Abriu as mãos diante de si e começou a caminhar lentamente na direção do lobo, que ficou claramente confuso com este avanço. O animal então parou a mais ou menos seis metros de distância de Francisco e começou a andar de um lado para outro.

O lobo rosnou com força e tentou amedrontar Francisco com o temível som. Francisco, sem se deixar impressionar, sentou-se no chão e tirou do bolso uma pequena flauta de madeira. À medida que tocava a flauta, o lobo começou a diminuir o seu andar de cá para lá, até que finalmente sentou-se a uma pequena distância em frente ao estranho homenzinho.

Ninguém conseguia ouvir o que Francisco dizia ao lobo, mas ele falou durante muito tempo, suas mãos movendo-se como acontecia em qualquer conversa e o lobo parecia realmente estar prestando atenção. Após algum tempo o lobo levantou-se e caminhou na direção de Francisco até ficar precisamente diante dele, sentou-se novamente, estendeu a pata e aquelas duas criaturas de Deus se cumprimentaram para selar o acordo que tinham feito, qualquer que ele fosse. Francisco, então, se levantou, voltou até onde estava a mulher que olhava o desenrolar da cena, pegou-a pelo braço e conduziu-a de volta para a multidão. O lobo não se moveu, ficou sentado olhando-os com olhos esperançosos.

— Povo de Gubbio, — disse Francisco à multidão – permitam que eu apresente a vocês o novo guardião de seu povoado. Este lobo que aqui veem concordou em proteger a todos vocês, sob a garantia de que o perdoem por seus feitos anteriores e que deixem de lado todo e qualquer desejo de fazer-lhe mal. Se concordarem, este lobo cuidará do vilarejo à noite, para que nenhum mal possa acontecer a vocês.

O povo não conseguia acreditar no que ouvia. Será que Francisco tinha realmente feito um trato com esta criatura de quem todos, até mesmo o mais valente dentre eles, tinham medo de se aproximar? Olharam através do campo e viram o lobo olhando-os, como se estivesse esperando que o acordo fosse aceito.

— É claro, — disse o homem gordo, sacudindo o pulso no ar — e se alguém até pensar em fazer algum mal a esse lobo, terá de se haver comigo. Então saberão como é levar realmente uma mordida no pescoço.

A multidão bramiu novamente e o acordo foi selado.

Mais tarde, naquela noite ainda, enquanto Francisco e Leo caminhavam juntos ao longo da solitária estrada, o último estava muito curioso por saber o que tinha acontecido quando Francisco ficou sozinho com o lobo.

— É muito simples — disse Francisco. — Olhei para meu irmão assim como Deus o olha.

— O que significa isto? — perguntou Leo.

— Meu caro irmão, isto é a essência de tudo que tenho para ensinar-lhe. Não devemos olhar os outros para ver como eles são diferentes, pecadores, e basear nisso nosso julgamento. Nossa missão é 'ver como Deus vê', que significa ver através dos olhos da própria santidade. Acontece o mesmo com as criaturas de Deus. Somos solicitados a ver todas as criaturas de Deus com amor e graça, sem nos importarmos com sua aparência ou com seus atos. Este lobo que você viu estava com tanto medo quanto os cidadãos de Gubbio. Imagine como você se sentiria se uma população inteira corresse de você, lhe atirasse pedras e o atacasse de muitas maneiras diferentes. Seu coração ficaria cada vez mais empedernido e você se esqueceria do amor que existe para você na terra e no céu.

— Eu vi você falando com o lobo — disse-lhe Leo. — Era quase como se o lobo compreendesse suas palavras. Como pode explicar isto?

— Minhas palavras não significaram nada — respondeu Francisco. — Foi meu coração que falou com o lobo e ele me entendeu. Vi a fera através dos olhos da compaixão, foi só isso. A compaixão sempre leva ao perdão e o perdão sempre leva ao amor. Estas coisas são inseparáveis aos olhos do Senhor Abençoado. Assim, são também inseparáveis aos nossos olhos. Quando vemos todas as criaturas de Deus sob esta visão, então percebemos que não existe pecado que não possa ser perdoado, nenhuma ofensa que não possa ser esquecida, nenhum trato que não possa ser feito buscando a verdade. Realmente, quando vemos através dos olhos de Deus, percebemos que já fomos todos perdoados e é aí, irmão Leo, que você deve buscar o real significado da prece de hoje.

Onde houver dúvidas, que eu leve a fé

Leo estava começando a acreditar que nunca conseguiria capturar a essência do santo que ele tanto amava em seu caderno. Não tinha percebido quantas facetas seu irmão podia exibir, pois a cada dia um novo homem surgia, requerendo uma página nova na qual pudesse aparecer uma vida totalmente nova. Cada uma dessas facetas requeria uma nova atenção, assim como o sol nasce no oriente a cada manhã, mas nunca lança a mesma sombra sobre o mesmo solo.

Ele começou a se perguntar se era capaz de cumprir a sagrada tarefa a que se comprometera por votos sagrados. Não era a pena que tinha lhe falhado, nem o rústico papel em que desenhava. Era sua mente e talvez até mesmo seu espírito que criava o desafio. Leo começou até a questionar-se se valia a pena viajar ao lado de Francisco nesta jornada de paz. Estes demônios estavam em guerra dentro de sua alma e lançavam um feitiço de dúvida sobre a sua mão. Ele sentou-se com as costas apoiadas em uma grande pedra e se perguntou se deveria voltar sozinho para Assis.

Era muito cedo e Francisco estava andando pelos arredores rezando enquanto Leo passava por este teste. Francisco sentiu a súbita mudança do ar, mesmo estando a uma boa distância do seu amigo, e apressou-se em voltar. Quando chegou ao ponto onde haviam passado a noite, viu Leo agachado como se fosse uma pequena bola, com seu caderno de desenhos jogado sobre uma pilha de pedras. Leo nem levantou a cabeça quando ouviu Francisco se aproximar, ao contrário, virou-se para o outro lado, envergonhado.

— Por que está se esquivando de mim? — perguntou Francisco. — Será que demonstrei ser uma companhia tão ruim que agora você prefere esta pedra como amiga e este chão sujo como seu confessor?

Leo levantou a cabeça e olhou nos olhos de Francisco. Eram como radiantes lagos de luz que enchiam os espaços escuros de seu tormento, derretendo as sombras que momentos antes o tinham coberto. Ele queria aproximar-se e tocar a mão de Francisco e começou a fazer isto, mas então o demônio novamente tomou conta dele e ele se encolheu de novo contra o rochedo.

— Vá embora e deixe-me aqui — disse-lhe Leo, enquanto virava as costas. — Eu não sirvo para ficar andando ao seu lado e cumprir sozinho a missão que me foi dada. A cada vez que olho para dentro de mim mesmo, buscando a musa que deveria inspirar minha mão, ela se encolhe nas cavidades vazias onde escondo o meu medo. Aí ele fica, pois não tenho merecimento para olhar um rosto tão santo quanto o seu e sozinho desenhar um retrato que seja amado por muitas gerações.

Francisco encostou-se na pedra como se tivesse levado um soco de repente; então, levou as mãos ao rosto e começou a chorar. Leo ficou tão surpreso que aprumou-se e abraçou o santo. A dúvida que o havia assaltado tinha se desvanecido e ele se colocou como um lençol para proteger Francisco do vento frio que rapidamente se abatia sobre ele.

— Você tem razão em deixar-me, Leo. Sou um pobre pecador que não merece a companhia de alguém tão verdadeiro quanto você. Peço que me deixe aqui e que vá à Síria sozinho. Diga a todos que você é o 'Santo de Assis', o homem que provocou tanto fervor, que fez com que homens e mulheres abandonassem seus bens e fossem servir a Deus com alegria. Seria muito mais verdadeiro falar tais coisas a seu respeito, meu irmão, do que a respeito desta alma miserável que agora está ao seu lado.

Leo ficou abalado com tais palavras. Será que era este o mesmo homem que tinha inspirado sua vida, seu caminho, até sua própria alma? Realmente, metade da Europa louvava seu nome e o chamava 'o trovador de Deus', ou 'a flauta da santidade'. Como podia Francisco acovardar-se de tal maneira, apresentando-se diante de Deus como um pecador comum? Leo certamente era uma pessoa simples, mais simples até do que a maioria, mas entendia o sentido do grande crime e o peso indevido que havia caído sobre as costas de seu irmão.

— Como pode dizer tais coisas? — sussurrou Leo no ouvido de Francisco. — Você é o meu guia, a minha luz. Pode ser qualquer coisa, exceto pecador.

Francisco esquivou-se e limpou as lágrimas dos olhos.

— Você não entende — disse ele. — Não sou nada sem a graça de Deus. Assim como você duvida do talento que lhe foi dado por nosso Pai Divino, também eu duvido algumas vezes de meu estado. Você me olha e vê uma imagem que criou na sua mente, enquanto eu olho mais no fundo, no poço, na caverna escura onde ainda vivem as sombras da minha juventude, mortas há muito tempo. Algumas vezes jogo o balde de minha consciência naquele buraco escuro e tiro do poço as ilusões do meu passado. Então as coloco diante de Deus, como um sacrifício no altar do amor, para serem purificadas e desfeitas. Sou todas essas facetas, não apenas aquela que grita com você agora. Tanto sou diminuído pela sombra do meu passado quanto pela iluminação da minha alma purificada.

— Sou eu que me sinto indigno de estar perto de tamanho servo de Deus — respondeu Leo, desviando seu rosto. — Quem sou eu para andar ao seu lado ou para desenhar seu abençoado semblante? Minha mão treme quando penso nisto, fica inerte quando levo o lápis ao caderno. Olho para seus lábios mas não vejo carne. Ao invés disso, vejo-o quando beija as chagas de um leproso ou escuto a canção da liberdade que tantas vezes você entoa. Tento desenhar suas mãos, mas elas se dissolvem nas mãos de todos aqueles que você toca e cura. Como desenhar esse vapor da graça que muda a cada vez que o vejo?

— Como disse antes, caro irmão, estas coisas estão na sua mente, assim como a dúvida que sente. A mente tem duas direções para as quais podemos nos voltar – uma no sentido da Luz e a outra se afastando dela. A Luz em si inspirará toda uma sucessão de imagens, dependendo, é claro, de sua vontade de contemplar sua radiância. Vire o rosto na direção de seu calor abençoado e sua mente ficará cheia de fé. Volte-a em outra direção e a dúvida que sente virá como uma inundação. O que você escolhe? Contemplar a graça que já é sua ou a sombra que lança ao solo?

— Não entendo, Francisco. Como posso libertar-me desta dúvida, mesmo que seja uma decisão mental que eu tome? Parece-me que ela saturou minha vida, enchendo cada fenda que contemplo.

O coração de Francisco estava agora em fogo e a angústia que ele sentia tinha desaparecido. Levantou-se, subiu na rocha que lhe tinha servido de descanso e abriu os braços para que o vento soprasse todo seu corpo.

— Você não pode — gritou Francisco. — Não pode fazer

nada, a não ser o que é feito em você quando se rende à graça de Deus. Esta dúvida que sente é como uma corrente que você mesmo prendeu em seus tornozelos. A chave se perdeu e você não tem como libertar-se desta prisão. Entretanto, o Espírito Santo não esqueceu como libertá-lo e guarda a chave que você perdeu. Ele espera o seu consentimento, pronto a qualquer momento para prestar o serviço. No entanto, ele também está amarrado até o momento em que você pedir ajuda. Só então poderá lhe dar a liberdade.

— Ensine-me como pedir — implorou Leo. — Não quero nunca mais o peso desta dúvida. Quero fazer tudo que você disser.

Francisco pulou do rochedo e caiu à frente do irmão Leo. Pôs suas mãos nos ombros dele e olhou bem dentro de seus olhos.

— Tem certeza do que está dizendo? — perguntou. — Quer mesmo deixar de lado qualquer crença que lhe ponha limites, que aprisione sua alma criativa? Você está pronto para entregar tudo, especialmente suas dúvidas, e confiar naquilo que o espírito da verdade revelar?

— Estou pronto — respondeu-lhe Leo.

Francisco largou Leo e afastou-se dele.

— Está feito, então — disse. — Isto é tudo que Deus requer de você.

— Mas como pode ser tão fácil? — perguntou Leo com os olhos demonstrando sua confusão. — Certamente deve ser pedida mais alguma coisa de mim.

— Por quê? Sua entrega não é suficiente? Nem seu anseio pela verdade? Deixe-me revelar-lhe um pequeno segredo, caro irmão. Se conseguir aceitar o que vou lhe dizer, então o resto será fácil. Está pronto? Sua entrega e confiança são suficientes para Deus; no entanto, você precisa deixar que sejam suficientes para você.

— O que quer dizer com isto?

— Exatamente o que lhe disse. Se conseguíssemos apenas permitir que a simplicidade do amor de Deus fosse suficiente! Sua resposta 'sim' basta para Deus. Percebe? Você disse que queria entregar-se a Deus e confiar; agora você precisa querer que isto seja suficiente. Pode complicar, se quiser, mas sua necessidade de agir assim será apenas outra cadeia que irá prendê-lo.

— Isto é o que Cristo quis dizer quando nos pediu que vivêssemos como os pássaros do ar. Eles nada guardam para si próprios, nada juntam em celeiros nem armazenam água em enormes recipientes. No entanto, Deus cuida deles, atende suas necessidades e lhes dá tudo de que necessitam para voar. Nós, com nossa arrogância, temos mais fé em nós mesmos do que no próprio ritmo da vida. Separamo-nos do Rio Divino da Santidade e juntamos nossas posses ao nosso redor, com medo. Enganamo-nos na crença de que quanto mais riqueza tivermos, mais seguros e felizes seremos. O oposto é a verdade. O resultado de qualquer sistema de pensamentos medrosos é sempre mais medo. Como pode a carência e o medo levarem à abundância e ao amor?

— Quando vivemos na fé, não nos apegamos a nada, exceto ao nosso anseio pelo Divino. Deus é nosso suprimento infinito e, quando buscamos essa fonte, nunca nos é negada a plena satisfação. Lembra-se de Nosso Senhor falando no Evangelho sobre uma mulher que deu sua última moeda por amor a Deus? Ele nos convida a viver como essa mulher, oferecendo nossas vidas ao Divino sem exigência ou dúvida, na confiança de que receberemos cem vezes mais no Reino de Deus.

Francisco então parou de falar e olhou bem dentro dos olhos de Leo.

— Faça desta frase sua oração de hoje: 'Senhor, onde houver dúvida, que eu leve a Sua fé'. Vê como rezar pode ser simples, meu irmão? O mundo oferece uma chance de escolha e Deus responde com outra. Qual será sua escolha – carência ou suprimento infinito, dúvida ou fé? Quando se resolver pela opção dada por Deus, você estará pronto a dar o próximo passo: a experiência que está por trás da fé, a realidade mais profunda que é nosso destino.

— Deus quer substituir suas ilusões pela verdade ou, em outras palavras, tirar suas dúvidas e trocá-las pela fé. No entanto, esta dádiva que lhe foi dada de graça deve agora ser recebida de graça. Você nunca será forçado a aceitar a verdade, mas ela será ofertada a você de muitas maneiras.

— Você tem medo de não conseguir fazer um retrato meu que seja suficiente e duvida do talento que lhe foi concedido pelo Senhor Amado. Vou lhe dizer uma coisa que pode chocá-lo, mas esta verdade, se você a inspirar para dentro de seus pulmões, pode libertá-lo: 'Você nunca conseguirá desenhar um retrato meu ou de ninguém que seja suficiente'. Isto é impossível. Está surpreso? E digo mais – se você aprender a entregar-se e confiar, então um retrato será desenhado por você que terá o poder de transformar o mundo inteiro. Entende a diferença?

— Você nunca poderá cumprir o seu destino, dado a você por Deus, por si só. No entanto, quando se entregar à fonte da vida, que flui em cada átomo do seu ser, a cada momento de cada dia, então tudo que fizer, tudo que tocar, cumprirá o seu destino. Sozinho você nada fará, meu irmão, mas, quando alinhado com o Coração e a Mente de Deus, tudo será feito através de você.

— Eu me entregarei e confiarei e, desta maneira, ganharei a fé que você está descrevendo — disse Leo. — No entanto, o que é que jaz por trás da fé, irmão Francisco? Fale-me desta realidade que é nosso destino.

— É a certeza — disse-lhe Francisco. — É a certeza de que somos filhos do Divino e de que sempre seremos cuidados por Ele. Essa certeza começa com a fé, que faz parte da mente, e através da prática atingimos uma experiência mais profunda na qual simplesmente sabemos o que é a verdade. A certeza é o produto de um coração que só tende para o amor. Eis onde é que sua fé o levará, irmão Leo. Quando chegar a esse lugar, você estará próximo aos portões do Céu, tão próximo que poderá sentir o perfume do Jardim do Divino.

— É um presente que até mesmo os anjos invejam e lhe digo que é o objetivo final a que você pode almejar. Uma vez que tenha deixado de lado a dúvida e recebido a fé que descrevi, então você estará a um simples passo do seu verdadeiro objetivo – a certeza. Quando sentir a força desta maré, até a fé lhe parecerá trivial. Quando você está certo do amor de Deus por você, tudo mais fica aquém da iluminação.

Onde houver desespero, que eu leve a esperança

No dia seguinte, Francisco e Leo estavam andando por uma região muito conhecida pelos seus vinhedos e ricas uvas. Embora fosse quase a época em que os homens juntavam as uvas maduras e as espremiam para fazer o vinho, não viram nenhuma atividade. Já tinham, na verdade, andado vários quilômetros sem avistar uma única pessoa e começaram a se perguntar o que poderia isto significar.

— Talvez seja um dia de folga — disse Leo. — Ou talvez um feriado que esquecemos e os trabalhadores provavelmente estão reunidos em alguma igreja ou em suas casas, comendo ou dormindo.

— Não, não é nenhum dia de folga, meu irmão, nem esquecemos qualquer feriado. Uma região como esta acompanha a passagem das estações como se fosse um relógio e quando chega o período da colheita eles não ficam em suas casas nem descansam junto a suas famílias. Olhe só para essas uvas secas e mirradas. A fome deve ter assolado esta região e a colheita parece perdida.

Naquele momento avistaram um homem de pé no campo,

curvado sobre a vinha, como se estivesse examinando as uvas. Seu rosto estava vermelho do sol forte e sua expressão era como aço. Francisco correu até chegar bem perto dele, então lhe disse:

— Prezado irmão, pode nos dizer o que aconteceu por aqui?

O homem aprumou-se e aproximou-se do santo, chegando ao mesmo tempo que Leo. Segurava nas mãos algumas folhas e cinco ou seis uvas secas. Qualquer um podia ver o que tinha acontecido.

— Você deve ser um viajante para fazer tal pergunta — disse ele. — Olhe para a terra e saberá o que isto significa. Faz quase dois meses que não chove. As uvas estão quase mortas e agora nossas vidas também estão ameaçadas. Minha família possui quase tudo o que pode ver daqui e estamos acostumados a dar emprego e alimento a muita gente, tantos que nem me atrevo a dizer. Entretanto, agora, mal tenho dinheiro suficiente para aguentar até a próxima colheita, e será impossível ajudar os outros.

Francisco foi tomado pela compaixão, pois podia afirmar que o outro era um homem bom e honrado. Aproximou-se mais dele, até ficarem muito próximos.

— Se a sua compaixão pudesse se transformar em chuva e sua honra em nuvens, este vale inteiro estaria inundado. Posso sentir o seu desespero, meu amigo, pela sua família e por todos aqueles que você ama.

— Vocês são frades, não são? — perguntou o homem. — Já ouvi histórias a respeito do seu fundador, aquele que chamam de 'o Santo de Assis'. Talvez, se ele viesse aqui rezar, Deus ouvisse nosso apelo. Será que vocês podem chamá-lo e atender a este nosso apelo desesperado?

Leo olhou para seu companheiro e se perguntou o que diria ele. Francisco não deu nenhuma indicação de que era ele o homem de quem o fazendeiro falava. Pelo contrário, mexeu os lábios e agiu como se desprezasse o homem mencionado.

— Sim, eu conheço esse homem de quem você está falando — disse Francisco. É o filho de Pietro Bernadone, um ricaço, e temo que nunca tenha perdido realmente seu gosto pelas finas vestes que já usou.

— Mas disseram-me que ele é um homem humilde, o mais humilde da Itália. Homens e mulheres em toda a Europa deixaram campos e casas para seguir seu exemplo.

— Só posso falar a respeito daquilo que presenciei — respondeu Francisco, afastando-se. — É verdade que muitas pessoas louvam seu estado de graça, mas eu tento ver, através de um quadro mais amplo, a verdade que está por trás da vida desse homem.

— O que quer dizer? — perguntou Leo, como se estivesse ansioso por entrar neste jogo.

— Bem, esse homem de quem você falou, que chamou de santo... eu o conheço faz muitos anos. Eu também fui levado pelos seus ideais, mas minha experiência mostrou-me que ele é apenas um homem, nada diferente de mim ou de vocês. A graça que o sustenta é que ele busca para si mesmo a ordem mais alta, a de imitar nosso Senhor Amado. Então, por que querem imitar o imitador? Escolham, ao invés dele, o coração do Cristo e se liguem a ele como se fosse sua própria respiração. Seus pulmões então ficarão cheios da Luz de todas as Luzes e essa radiância iluminará todos os aspectos de suas vidas.

— Sim... eu entendo suas palavras — disse o fazendeiro. — Mas, ainda assim, se conhecer esse homem como diz, peço-lhe que o convide para vir aqui. Deixe que ele faça a opção de vir ou de ignorar o meu apelo, e vamos esperar que nossa sorte mude.

Francisco voltou até onde estava o homem e colocou sua mão no ombro dele:

— Convide-nos para ir a sua casa — disse ele. — Dê-nos o

prazer de beber um pouquinho de vinho e eu prometo que verei o que posso fazer.

O fazendeiro levou Francisco e Leo a sua casa e convidou-os a entrar. Era uma casa modesta, mas limpa e de bom gosto, em nada parecida com a casa onde Francisco tinha sido criado. Seu pai gostava de colecionar enfeites, que comprava de caravanas que passavam, as mesmas que vendiam a fina seda que enchia sua loja no centro de Assis. Quando era moço, Francisco adorava envolver-se nas peças de tecido, sentindo na pele o pano macio. Tanta coisa tinha mudado desde aqueles dias, pensou consigo mesmo. Agora ele preferia vestir o hábito áspero que havia feito de retalhos de pano jogados fora à mais rara camisa de seda.

— Lucia, venha conhecer nossos convidados — gritou o homem enquanto abria a porta que levava à cozinha. Uma bela mulher de cabelos escuros, com pele branca como marfim, se aproximou secando os cabelos com uma toalha e, quando os olhos dela viram Francisco, ela deixou cair a toalha no chão e ficou estarrecida.

— Lucia, estes homens conhecem o 'Santo de Assis', aquele de quem você tanto fala. São da irmandade dele e concordaram em convidá-lo para vir a esta região e a esta casa. Talvez esta seca seja uma maldição e a presença desse santo convença Deus a mudar seu peso e nos abençoar com a chuva. Ainda há tempo: se apenas as nuvens derramassem lágrimas de compaixão por nós, então as uvas seriam salvas e nós conseguiríamos sobreviver a esta estação.

Francisco sorriu para Lucia, pois sabia que ela não desviava sua atenção dele. Leo também podia sentir sua confusão e se perguntava o que ela faria. Francisco era bem conhecido por toda a Itália e milhares de pessoas já o tinham ouvido rezar. Se esta mulher falava tanto do santo, como disse seu marido, então provavelmente ela já o tinha visto e ouvido suas palavras.

— Bem vindos à nossa casa, irmãos — disse Lucia, recuperando sua compostura. — Meu marido está certo no que diz. Falo muitas vezes do irmão Francisco, pois sou profundamente tocada pela vida que ele leva e pela maneira como serve a Deus. Não fosse por este tolo exigente e pelas crianças que tive com ele, eu estaria vivendo com a irmã Clara agora, cantando a celebração da simplicidade voluntária.

— Existem muitos caminhos que levam a Deus — respondeu-lhe Francisco — e aquele que a senhora escolheu não fica a dever a sua vocação. Pobreza ou simplicidade abençoada começam no coração e se estendem para o mundo. É o coração, então, que Deus percebe e o fruto que cai dessa árvore alimentará muitas pessoas.

— Gostaria que esse fruto caísse da vinha — disse o fazendeiro. — Rezo por isso. E se essa prece deve subir ao céu como fumaça, levada pelas asas desse homem de Assis, que assim seja.

Quando o homem terminou de falar essas palavras, Lucia já tinha posto a mesa, provendo-a de pão e de queijo. O fazendeiro foi até a cristaleira e, abrindo sua porta, tirou de lá uma garrafa de seu melhor vinho.

— Por favor, irmãos, sentem-se um pouco e eu lhes oferecerei um copo da melhor safra da última estação. Vocês então entenderão o que o mundo está perdendo se nossa produção cair.

Enquanto se dirigiam para a mesa, Francisco pegou Leo pelo braço e sussurrou em seu ouvido:

— Quero lhe dar a prece de hoje, Leo. 'Senhor, onde houver desespero, que eu leve a esperança.' Estamos prestes a ver esta prece realizada à nossa frente.

O fazendeiro serviu o vinho com grande cuidado e orgulho, pois era verdade que a sua vinha era a mais famosa de toda a região. Francisco ergueu o copo, pegou um pedaço de pão do prato e, olhando para o Céu, disse:

— Deus, quando nosso Mestre e Senhor andava entre nós,

pediu-nos para usar as coisas simples da vida para nos lembrarmos dele. Foi durante a última ceia com seus amigos que ele pegou o que havia na mesa, coisas comuns, visto que era Páscoa, pão e vinho, e deu graças. E, ainda que horas mais tarde seus amigos estivessem desesperados porque o Mestre havia morrido, aprenderam o verdadeiro significado da esperança quando, três dias mais tarde, Ele novamente caminhou entre eles. Eles não esqueceram Aquele que lhes deu vida, portanto sua esperança foi realizada. Agora nos lembramos Dele, Aquele que nos deu a vida, que nos mostrou como ver o Divino nas dádivas simples da vida.

— Agora tomamos estas mesmas coisas comuns, pão e vinho, e nos lembramos de como Jesus nos amava. Ele nos disse para desejar uma coisa, uma só – o Reino de Deus. Se nos fixarmos nesse divino objetivo, então tudo mais nos será dado também. Sentimos esta realidade, assim como partilhamos esta refeição, estas dádivas, e damos nosso cuidado a quem responde a todas as nossas preces. Não mencionaremos nada, Senhor, pois já sabes do que necessitamos. Depositamos nossa esperança no Senhor e na Sua misericórdia, e lançamos nosso desespero no fogo de Seu amor para que seja purificado.

Francisco passou então a taça de vinho para os outros e deu a todos um pedaço de pão. Lucia chorou copiosamente à mesa e seu marido escondeu a cabeça com as mãos para não mostrar as lágrimas.

Francisco e Leo não tinham como saber o que aconteceu depois. Partiram depois de terminada a refeição e logo estavam caminhando em direção ao mar. Um dia depois, nuvens começaram a se formar sobre o vale e uma forte chuva caiu sobre toda a região da Itália. Durante dias o solo regozijou-se com a chuva e, duas semanas mais tarde, as uvas reviveram e produziram o melhor vinho em mais de uma década.

Onde houver trevas, que eu leve a luz

Quando se aproximaram do mar, Francisco disse a Leo:

— Existe um fogo queimando em minha alma que nenhum prazer terreno pode extinguir. Mesmo se todas estas ondas lavassem minha vida, ainda assim eu continuaria queimando neste Santo Desejo. Falo de um fogo sagrado, Leo, uma chama que não requer lenha para queimar, nem óleo ou carvão para avivar-se. Seu combustível é o amor, um profundo e incompreensível amor que se irradia e ilumina o mundo inteiro. Esta é a razão pela qual vamos atravessar o mar para ficar diante do sultão e cantar esta canção de paz. Quero queimá-lo vivo no amor que sinto. Sim, é exatamente como você ouviu – 'queimá-lo vivo'. O fogo terreno mata e destrói, enquanto que o fogo que buscamos traz vida eterna àquilo que estava frio e morto.

Haviam chegado a uma pequena cidade litorânea que tinha botes para levar viajantes através do mar Adriático. Era conhecida como o porto de onde milhares de soldados deixavam sua pátria para lutar na Grande Guerra. Isto parecia encher Francisco de uma alegria ainda maior, pois a ideia de navegar com cruzados no caminho para a batalha se encaixava maravilhosamente em seus planos.

— Pense no que significa isto — disse ele ao irmão Leo. — Disseram a esses homens que é nobre e justo matar em nome do Cristo e eles acreditaram. Se não tivessem acreditado, por que deixariam tudo e arriscariam suas próprias vidas para defender a Santa Madre Igreja? Costumamos esquecer com muita facilidade as palavras do Senhor Amado que disse: "Ame seu inimigo, faça o bem a quem o odeia, abençoe aqueles que o amaldiçoam e reze por aqueles que abusam de você". Não foi esse mesmo homem que disse que não devemos resistir ao mal e que, se uma pessoa nos bater em uma das faces, devemos virar-nos e oferecer a outra face? Por que deixamos esta santa lição de lado e decidimos que existem momentos em que devemos ouvir Jesus e em outros não?

— Você percebe que, se viajarmos junto com esses homens, poderemos plantar a semente que pode acabar com esta guerra? Nosso trabalho, meu irmão, é ensinar a verdade a todos e, quando tudo o mais falha, usar firmemente as palavras. Só nossa presença já pode ser suficiente para instilar nesses bravos homens a verdade que Nosso Senhor pregou. Imagine se eles descobrem essa verdade e decidem marchar em paz na direção dos muçulmanos. Depositariam suas armas no chão e marchariam alegremente em direção aos soldados irmãos com os braços abertos. Imagine também o que os muçulmanos pensariam a respeito disso. Eles se voltariam uns para os outros e diriam: "Não era isto que estávamos esperando. Talvez Alá queira que nos abracemos e deixemos de lado nossas desavenças."

— E então cristãos e muçulmanos iniciariam uma pequena comunidade, mais ou menos como nós mesmos fizemos, e o mundo logo saberia que a guerra tinha chegado ao fim, pelo menos naquele lugar. Homens e mulheres então viriam a este lugar para ver o que tinha ali acontecido e aquela comunidade iria crescendo cada vez mais, até que ficasse maior do que o islamismo e o cristianismo juntos. Imagine como seria isso, irmão Leo, tudo em decorrência de termos escolhido viajar em um barco saindo desta cidade.

Francisco e Leo andaram até as docas e viram que havia um grande barco preparando-se para partir naquele dia. Como suspeitavam, era alugado para transportar quase cem homens para a guerra e Francisco imediatamente foi procurar o capitão do barco.

— Honorável capitão — disse Francisco ao homem, assim que o encontrou. — Estamos em uma missão em nome do Senhor Amado, que deseja dar um fim a esta guerra e trazer a paz para todos nós. Entretanto, somos pobres, deixamos de lado todas as nossas posses materiais para servir a Deus. Viemos pedir-lhe que nos dê transporte para o outro lado deste grande mar para podermos cumprir nossa tarefa. Prometo que este trato não deixará de ser lembrado por Deus quando o Reino da Paz for estabelecido na terra.

O capitão do barco, no entanto, não era um homem espiritual e, pelo contrário, queria ter o maior rendimento que pudesse, ficando rico por meio da batalha e da morte. Então, contratou Francisco e Leo para servir os soldados durante a viagem, levando-lhes comida e fazendo a limpeza. Era um trabalho sujo, mas lhes servia bem. Francisco estava mesmo querendo servir e, quando o barco partiu do cais naquele dia, ele sabia que estavam cada vez mais próximos do seu destino.

— Irmão Leo, quero lhe dar a prece do dia — disse Francisco, enquanto esfregava uma grande panela preta mais tarde naquela noite.

Estavam sentados na beirada do convés, de onde podiam jogar ao mar os restos da cozinha, e a lua brilhava muito acima de suas cabeças.

— 'Onde houver trevas, que eu leve a Sua luz.' Esta oração é muito importante, Leo, pois revela a real essência da nossa jornada. Olhe para nossa cara irmã Lua, que reflete a luz do irmão Sol, iluminando o caminho que percorremos, até mesmo o convés deste navio onde trabalhamos. Quando ela se esconde por trás das nuvens escuras, nós tropeçamos e caímos ao chão, incapazes de ver até mesmo a menor pedra que esteja bloqueando nosso caminho. No entanto, quando ela brilha, quando abre seus braços para envolver e refletir o sol, então até o céu canta de alegria e podemos caminhar com segurança em direção dos Portões da Santidade. Da mesma maneira, devemos refletir a Luz de Deus que vive dentro de nós, e assim fazendo nos tornamos o veículo através do qual as trevas são debeladas.

— E quanto a estes homens que hoje estão a bordo conosco mas amanhã estarão prontos para lutar e matar? — perguntou Leo. — Como podemos dar a eles essa Luz, visto que estão sobrecarregados pelo peso do ódio e da violência?

— Olhe para a lua — disse Francisco largando sua escova no convés e voltando-se para o lado do navio. — Ela lhe ensinará tudo que você necessita saber a respeito da Luz de Deus. O irmão Sol está oculto de nossa vista, do outro lado do mundo, partilhando lá a luz dele, mas envia sua irmãzinha para refletir sua radiância e amor até que ele volte. A irmã Lua também pode ensinar-nos a abençoada graça da humildade. Ela não se gaba nem clama ser a Luz, mas mantém-se perfeitamente silente e se deixa ser usada pela Luz. Nós também somos chamados para sermos usados por Deus, como uma vassoura que fica no canto do aposento. A vassoura nada pode fazer por si só, mas quando se entrega a quem sabe a verdade, então varre e limpa a casa inteira.

— Ou pense no alaúde que fica encostado no canto esperando que o músico o segure e toque suas cordas até que ele comece a cantar. Por si só o alaúde é quieto e canta apenas na memória silente de seus sonhos. Mas quando se entrega, as cordas vibram e surge a canção que suaviza até mesmo os mais duros entre nós.

Naquele momento um cruzado subiu ruidosamente os degraus de madeira e caiu no convés com os braços e pernas bem abertos. Ficou evidente para Francisco e para Leo que ele estava bêbado, influenciado pela confusão que acontecia lá embaixo. O soldado levantou a cabeça do chão e notou os dois frades olhando para ele.

— O que estão olhando? — berrou ele. — Por que estão aí me olhando? Vocês são só um par de mendigos, provavelmente viajando de graça, enquanto eu sou um soldado a serviço de Deus, um cruzado que vai matar os infiéis.

— Nós também somos soldados do Senhor — respondeu Francisco, levantando-se e dirigindo-se para o homem. — Nossa maior alegria é seguir a voz de Deus até o campo de batalha, onde parece que o ódio é a regra, para levar uma mensagem de paz. É por isso que estamos neste barco, para chegar às Cruzadas e batalhar contra as forças do mal.

— Então vocês estão viajando para combater os muçulmanos? — perguntou o soldado, sentando-se para estudar o estranho homem de pé diante dele.

— Vamos levar amor para os muçulmanos — respondeu Francisco. — Violência traz mais violência, enquanto que amor traz a paz e a compaixão. Eu e meu irmão somos de um exército diferente do seu. Não tentamos destruir o inimigo, tentamos envolvê-los. Pretendemos ter uma audiência com o sultão da Síria e vamos falar-lhe da Vontade de Deus.

O homem olhou incrédulo para Francisco e caiu para trás

com uma ruidosa gargalhada.

— O que estão dizendo? — rugiu o soldado. — Vocês devem ser loucos. Como permitem que pessoas como vocês viajem ao lado destes bravos homens?

— Sim, sou doido — riu Francisco, divertindo-se obviamente com a atitude ranzinza do soldado. — Fiquei maluco por causa do amor de Deus. No entanto, meu forte irmão, aprendi muito com esta loucura. Eu era como você, um galante soldado galopando para a guerra, inclinado para a morte e a vitória. Agora, olhe para mim. O irmão Sol iluminou minha alma e posso ver tão claramente. Ódio e violência não são as armas preferidas de Deus, mas sim a compaixão e o amor. Esta é a espada que destrói a vaidade, que, por sua vez, leva à guerra. Cultive estas virtudes e você ficará tão louco quanto eu.

O soldado parou de rir e tentou focar os olhos no homem que estava vendo. Era como se repentinamente tivesse ficado sóbrio, como se alguma coisa dita por Francisco tivesse tocado um ponto muito profundo de seu coração. Leo, atônito com o que via, tirou de sua túnica o caderno de desenho e começou a esboçar a espantosa expressão que via na face de Francisco enquanto ele falava.

— Quem é você? — perguntou o soldado. — Não fala como nenhum louco que encontrei antes. Fale-me mais a seu respeito e por que está aqui.

— Não sou ninguém — respondeu Francisco — mas existe uma Luz que iluminou minha alma e eu busco apenas transmitir essa mesma Luz a todos que encontro. Agora é a você, que está sentado à minha frente, que quero oferecer esta grande alegria. Rezo para que possa sentir e venha a conhecer essa Luz, que Ela possa iluminar os cantos escuros do seu coração, ensinando-lhe a paz que ultrapassa qualquer compreensão.

— Ora, por que estou eu aqui a lhe dar ouvidos? Devo estar

mais bêbado do que pensava, por causa do vinho e do movimento deste barco. Ou talvez eu deva beber um pouco mais, então vocês desaparecerão como névoa diante de meus olhos.

— A guerra é apenas uma névoa — disse Francisco ao homem, com uma voz muito sombria. — Ela promete uma coisa mas sempre traz outra. Você pensa que está lutando pela paz, ou até mesmo pela honra. Tais coisas são uma ilusão, meu irmão, até conseguirmos descobrir a fonte da paz e o verdadeiro poço da honra. Quando você descobrir essa fonte, então jogará nesse poço o balde da sua vida e tirará de suas profundezas a água viva que saciará sua sede. Até então, enquanto procurar a paz onde ela não pode ser encontrada, você ficará tão ressequido quanto o deserto. Nada conseguirá satisfazê-lo, nem mesmo a guerra.

O soldado levantou-se e, por um momento, parecia haver compreendido. Então sacudiu os ombros e grunhiu. Virou-se na direção da porta e voltou para junto de seus companheiros.

— O que você acha que ele vai fazer? — perguntou Leo.

— Vai beber mais vinho e esperar que tudo não tenha passado de um sonho. No entanto, pela manhã, quando ele me vir servindo-o, ele se questionará. Isto é tudo que a Luz de Deus precisa, irmão Leo – nosso questionamento. Significa que estamos prontos para considerar as possibilidades às quais estávamos fechados apenas um momento antes. Assim como a luz invade um quarto escuro, mesmo que seja através de uma pequena fresta, quando a porta é aberta, também a Luz de Deus revela a verdade de nossas almas até quando nos abrimos apenas um pouco.

Onde houver tristeza, que eu leve a alegria

Quando os cruzados acordaram e se levantaram tropeçando, Francisco e Leo já estavam preparando uma refeição para satisfazer a fome daqueles homens. As pesadas panelas estavam cheias de diversos vegetais e carnes, enquanto Antonio, o chefe da cozinha, estava ocupado dando ordenas a seus empregados de um lado para outro, assegurando-se de que tudo estivesse sendo aprontado.

— Não queiram saber como ficam esses soldados se a comida não estiver pronta quando querem comer — gritou Antonio. — Vão arrebentar este barco e nenhum de nós conseguirá escapar.

— Hoje temos dois trabalhos — sussurrou Francisco no ouvido de Leo. — Vamos primeiro ajudar a saciar a fome física destes homens, depois teremos uma oportunidade muito mais importante. Mais tarde ajudaremos a saciar a fome de suas almas, uma fome que talvez eles nem percebam, mas que, apesar de tudo, existe.

Os soldados eram ruidosos e rudes. Alguns deles ainda pareciam bêbados, enquanto que outros estavam pálidos por causa do constante balanço do barco. De vez em quando um dos cruzados agarrava o braço de Francisco, pedindo para encher seu prato ou copo. Ele nunca deixou de sorrir, atendendo a seus pedidos de boa vontade, dando-lhes tudo que pediam.

Após algum tempo Leo cruzou com o soldado que haviam encontrado na noite anterior. O homem pareceu não reconhecê-lo de imediato, mas quando Leo inclinou-se para encher seu copo de água ele virou-se para trás e olhou com mais atenção.

— Espere — disse o soldado — você estava com aquele outro mendigo que vi na noite passada. Ah, eu rezei para que isso tivesse sido um sonho. Passei metade da noite com suas palavras tolas dando voltas na minha cabeça. Onde está aquele homenzinho, aquele que encheu minha mente de tanta tolice?

— Está ali — respondeu Leo, apontando para Francisco.

O soldado afastou-se da mesa e dirigiu-se desajeitadamente até o canto onde Francisco servia. Leo pensou ter visto um lampejo de raiva nos olhos do homem, mas, quanto mais ele se aproximava do santo, tanto mais aquele olhar se transformava em medo.

— O que você fez comigo? — perguntou o soldado, agarrando Francisco pela manga do hábito.

— Bom dia, meu forte amigo. Estou contente em vê-lo de novo.

— Não vai continuar contente se não responder minha pergunta. Com que direito você enche minha mente de tanta besteira falsamente piedosa enquanto estou bêbado, incapaz de julgar as coisas de maneira apropriada? E se minha falta de sono enfraquecer minha habilidade e eu for morto pelos infiéis? É isso o que você faz, tratar soldados ingênuos como eu como se fossem presas fáceis?

— Eu pretendia fazer de você uma presa fácil para Deus — disse Francisco, como se estivesse fazendo um jogo.

— Venha comigo — gritou o soldado, empurrando-o para a

escada e para o convés. Outros soldados os seguiram, pensando que estavam prestes a ver um homem ser lançado para fora do barco. Leo misturou-se à turba até que finalmente conseguiu chegar ao lado de Francisco. Se Francisco ia morrer, pensou, então, com toda a certeza, ele também seria jogado do navio.

— Eu deveria atirá-lo às ondas — gritou o soldado. — Quem é você para me dizer...

— ... como servir a Deus?

— Sim... como servir a Deus — respondeu o homem, tropeçando nas próprias palavras. — Que direito tem você de...

— ... revelar-lhe o Amor de Deus?

— O Amor de Deus? — disse o homem, afrouxando a mão que segurava Francisco. — O que tem isto a ver com...

— Tudo faz lembrar o Amor que Nosso Pai Divino tem por nós — disse Francisco voltando-se para a multidão. — Estamos aqui por uma razão apenas, para aprender a respeito do amor que Deus tem por nós e, então, passarmos para os outros esse mesmo amor. Somos solicitados a sentir o amor como Deus nos ama. Podem perceber isto? Vocês estão prontos para lutar pela Santa Madre Igreja e para matar em nome de Deus. Será, no entanto, que isso é o que realmente está na mente de Nosso Senhor? Ele não nos disse para amarmos nossos inimigos e para fazermos o bem àqueles que nos odeiam? Que caminho melhor do que envolver no Amor de Deus aqueles cujos corações estão cheios de ódio? Imaginem a vitória que vocês, bravos homens, teriam se seguissem desta maneira as palavras de Cristo.

— Eles são infiéis — gritou um soldado. — São inimigos da Igreja.

— Se é assim, então rogo que entrem nesta batalha com a espada mais afiada que consigam — continuou Francisco. — Vão até o arsenal e tirem de lá uma arma que seja suficientemente afiada para tornar indefesos os muçulmanos. Sim, quando eles os virem chegando com esta arma, ficarão atrapalhados, sem saber para qual direção fugir. Vocês não precisarão derramar nem uma única gota de sangue, pois eles sentirão que serão derrotados na velocidade da luz e se renderão a vocês sem que seja desferido nenhum golpe.

— De que espada está falando? — perguntou o primeiro soldado, aquele que haviam encontrado na noite anterior.

— A espada da alegria — respondeu Francisco — a alegria que brota do Amor de Deus. Vocês não veem que a única maneira de ganhar uma guerra é usar aquilo que faz oposição a ela? Ódio e guerra surgem de uma única fonte – o medo. Não pode haver nenhuma outra. Qual é o antídoto para esta terrível doença da alma, a praga que nos deixa indefesos diante dela? É o amor. O medo faz nascer o ódio e desse solo rochoso nenhuma flor consegue nascer, somente a tristeza. No entanto o amor, sim, meus irmãos, o amor é como um rico lote de terra que nutrirá suas almas. Neste solo plantamos as raízes da compaixão e dessa vinha sagrada nasce o fruto da alegria. Quando comermos este fruto, todo ódio e medo se dispersarão e então esta guerra passará a ser como um sonho para nós, uma sombra esquecida assim que a Luz chegar.

— Você faz isto parecer muito simples — disse o soldado. — Não é nada simples. Cá estamos, bravos homens, cobertos com as melhores armaduras, para lutar contra outros homens com ideias e códigos de honra diferentes. Nós somos muito diferentes...

— Não, meu irmão... é aí que você se engana — interrompeu Francisco. — Não são nem um pouco diferentes. O Amor de Deus cai sobre nós como os raios do santo irmão Sol. Ele não julga quem merece ou não a luz, lança-a sobre todos indiscriminadamente. Isto é o que quero dizer quando repito que devemos amar como Deus ama. O medo vê tudo como se fosse diferente e isolado, enquanto o Amor nos vê como uma única família, uma simples extensão de nosso Criador. Cabe a nós imitar o Amor, não o medo. Não somos abençoados aos olhos de Deus quando tentamos ser como Ele?

— Por isso, caros soldados, dou-lhes uma simples oração e rogo que levem estas palavras até seus corações para que elas possam transformar suas vidas e revelar-lhes a verdadeira Vontade de Deus. E quanto a você, irmão Leo, preste muita atenção, pois esta será sua oração de hoje. Diga a Deus apenas isto: 'Onde houver tristeza, que eu possa levar Sua alegria'. Então você será usado pela Espada do Amor, que corta as cordas do medo. Vocês estiveram amarrados por muito tempo, meus amigos. Já é tempo de saberem a verdade.

Leo pensou que os homens iriam se aglomerar ao redor de seu amigo e jogá-lo ao mar. Eles, subitamente, se tornaram barulhentos e avançaram em direção a Francisco, mas seus braços não se transformaram em martelos para amassá-lo. Ao contrário, eles ficaram ao seu redor, implorando que ele falasse mais a respeito desse amor que conquista o medo. Francisco fez o que pediam, pregando durante horas a respeito do fogo que tinha absorvido sua alma. Leo, enquanto isso, encostou-se na parede do barco e continuou a desenhar o retrato que tinha sido incumbido de fazer.

Senhor, permita que eu procure mais consolar, que ser consolado

Na manhã seguinte, Leo acordou e viu Francisco sentado a alguns metros de distância, sorrindo para ele. Era um olhar que Leo já tinha visto muitas vezes antes, sempre que Francisco ultrapassava as barreiras do medo e entrava na expansividade do amor. Esta tinha se tornado sua casa, seu refúgio e ele raramente se retirava para a caverna da dúvida. Este estado de santidade era muito natural em Francisco e era isto, mais do que qualquer outra coisa, que Leo buscava cultivar dentro de si mesmo.

— Irmão Leo, tenho pensado muito a respeito de uma coisa, — Francisco disse estas palavras sentado no topo de um monte de terra à margem da estrada onde tinham decidido passar a noite. O barco havia chegado a uma pequena cidade na noite anterior e, visto já terem se alimentado com sobras da sua comida, não havia necessidade de esmolarem a refeição. Estavam cansados depois de andar até o limite da cidade e tinham se acomodado em um fosso ao lado da estrada para dormir.

— Temos falado muito sobre 'Ver como Deus vê' e 'Amar como Deus ama', — continuou Francisco. — Creio que esta é a verdadeira essência do caminho que percorremos. Como disse Nosso Senhor, "Vocês não veem que se assemelham muito a deuses?" Ele só podia estar querendo dizer com isso que devemos nos esforçar para estar na Mente de Deus, para aprender a pensar, a agir e a falar como Deus.

— Como vamos conseguir fazer isso? — perguntou-lhe Leo. — Somos fracos seres humanos, não deuses. Não é uma blasfêmia considerar-nos sob esse ponto de vista?

— Do meu ponto de vista, irmão Leo, temos uma escolha entre duas maneiras de ver as coisas. A primeira é 'Ver como Deus vê' e viver na Luz do Amor. A segunda é 'Ver como Deus não vê', e viver sob a sombra do medo. A primeira é como abrir os olhos e perceber aquelas coisas que sempre estiveram diante de você. O amor é percebido diretamente, não é imaginado nem obscuro. A segunda maneira é como viver com os olhos cerrados. Mesmo se o Senhor estiver ao seu lado, você estará cego diante de Sua santa presença. Pelo contrário, você imaginaria que formas escuras e figuras sombrias estariam procurando destruir sua vida. Não perceberia a realidade, mas sim a sombra da realidade que o ameaça e o afunda ainda mais no medo.

Leo tentou entender estas palavras, mas tudo era muito diferente da maneira pela qual tinha sido criado. Assim como os homens com quem haviam viajado naquele barco, ele tinha sido ensinado que devia lutar pelo que era bom e destruir qualquer um que parecesse distorcer tal ordem. De uma perspectiva religiosa, é sagrado e abençoado aceitar o próprio destino humano e não tentar ficar acima do que lhe tenha sido concedido. Da mesma forma, é um pecado deplorável buscar a Mente de Deus, pois a mesma está além de nossa compreensão, além do alcance de nossa natureza dispersiva.

Francisco pareceu ler os pensamentos de Leo; ficou de pé e dirigiu-se ao amigo.

— Diga-me o que pensa a respeito de Deus — pediu Francisco.

— Não estou entendendo. Você quer que eu lhe diga quem eu acho que é Deus ou como Ele se comporta?

— Diga-me o que quiser, meu irmão. Quero saber como você percebe Aquele a quem entregamos nossas vidas.

Leo levantou-se e caminhou para frente e para trás por alguns momentos, imerso em pensamentos. Então virou-se para Francisco e disse:

— Deus é a essência da santidade.

— E o que é a santidade? — perguntou Francisco.

— Bem, santidade é o que Deus é. É a natureza da bondade que define Deus.

— Fale-me então o que é bondade.

— Bondade é o oposto do mal — respondeu Leo. — É o estado de estar de bem com Deus.

— Uma pergunta final, Leo: o que é o mal?

— O mal é... é o oposto de Deus... é estar de mal com Deus.

Francisco sorriu e virou-se, afastando-se lentamente do seu amigo. Leo ficou confuso e se perguntou se tinha dito alguma coisa errada, alguma coisa que tivesse ofendido o santo. Caminhou mais depressa para conseguir alcançar seu amigo em apenas alguns segundos.

— Diga-me, Francisco, minhas palavras o ofenderam de alguma maneira?

Francisco voltou-se para ele e pôs sua mão no ombro esquerdo de Leo.

— Não, não é isso. Eu estava apenas pensando.

— Diga-me então, o que está pensando agora?

Francisco virou-se outra vez e apontou para a bela paisagem que se estendia diante deles. À esquerda ficava um extenso vale com árvores e flores em profusão. Parecia estender-se por quilômetros e o sol da manhã passeava pela grama como minúsculos diamantes irradiantes e molhados. À direita estava o mar com suas ondas distantes lambendo os rochedos. Cada um desses cenários era muito diferente e, ainda assim, se juntavam em uma dança de harmonia e de graça.

— Olhe para esta vista incrível — disse Francisco a Leo. — A terra e o mar parecem tão diferentes quando assumem forma terrena. Se você quiser se deitar naquele campo e rolar na grama, você vai se levantar coberto de sujeira e de flores, tendo em si o cheiro da terra. Se quiser mergulhar nas ondas que se abatem na praia e nadar até cansar, vai voltar com frio e molhado, cheirando ao sal grudado em sua pele. Sim, é claro que são dois cenários bem diferentes na aparência e na maneira como nos fazem sentir, mas essas diferenças parecem desaparecer quando você está onde estamos agora, olhando de cima os dois, campo e mar, como se fossem um só.

— Não estou entendendo — disse Leo, com a confusão estampada no olhar.

— Eu lhe fiz perguntas apenas para mostrar-lhe sua própria mente. Santidade, bem, mal..., são ideias, conceitos que o afastam da realidade. Deus não é um pensamento, Leo. Deus é uma experiência que transcende ao pensamento. Você pode ficar aqui olhando o mar que está a quilômetros de distância e se perguntar como será mergulhar em seu frio abraço. Ainda assim, tal pensamento nunca revelará a experiência que você está buscando. Você precisa correr até o oceano, tirar as roupas e atirar-se ao mar... então saberá como se sente nadando, não na sua imaginação, mas com todo o seu ser.

— Agora vamos falar um pouco sobre a Visão de Deus — continuou ele. — Quando Deus contempla a imensidão, como estamos fazendo, Ele não diz: "existe o oceano e existe a terra... vejam como são diferentes". Ele diz: "Existe Deus e existe Deus... os dois são o mesmo". Quando você experimenta a realidade que está por trás de seus pensamentos, meu irmão, então vê tudo como se fosse a mesma coisa, una com a Mente de Deus. É aí que você entenderá o que significa 'Ver como Deus vê'.

— Mas como pode Deus ver tudo como se fosse a mesma coisa? — perguntou Leo. — Existe no mundo o bem e o mal. Algumas pessoas tendem na direção do pecado, enquanto outras envolvem suas almas nas raízes do amor. Como podemos ser todos iguais, como pode Deus deixar de lado tais diferenças?

— Deus é quem revelará isto a você, não eu. Só posso lhe indicar o caminho que conduz a Sua casa. Você é quem deve percorrê-lo. Durante a jornada, muitas coisas lhe serão reveladas, muitas lições que lhe ensinarão a respeito da Mente do Senhor. Se você aceitar essa visão, então atingirá o seu destino. Se resistir a ela, então ficará vagando sem destino através da floresta, buscando o caminho que o levaria à segurança. Não, isso não é algo que você possa estudar com sua mente, mas uma realidade que deve experimentar com o coração.

— Então, mostre-me esse caminho, Francisco. Quero apenas a experiência de que você fala, a Luz que conduz aos Portais do Céu. Deixei de lado tudo que ainda me é caro no mundo e peço para mim apenas a visão que você conhece. Diga-me o que é preciso que eu faça e seguirei sua orientação com alegria.

— Muito bem — disse-lhe Francisco. — Durante os próximos três dias eu lhe darei preces que revelarão a visão que está buscando. Lembre-se de que você terá sempre uma opção – perceber o mundo sob os olhos do amor ou do medo. Cada uma dessas três orações tornarão clara esta escolha e o levarão a um desses dois mundos, um onde a Luz de Deus revela tudo, o outro coberto pelas trevas.

Francisco pediu que Leo se ajoelhasse com ele no chão. Então juntaram as mãos e Francisco disse:

— 'Divino Mestre, permita que eu procure mais consolar, que ser consolado.' Esta é sua prece, irmão Leo. Vamos caminhar em silêncio hoje enquanto você deixa que a Visão de Deus revele seus segredos a sua mente aberta.

Andaram durante muitas horas sem dizer uma palavra. De vez em quando Francisco olhava para o irmão Leo e lhe dava um sorriso. A face de Leo estava concentrada como se os redemoinhos de sua mente estivessem perdendo o controle. Isto não era absolutamente o que Francisco tinha em mente. Pelo contrário, esperava que Leo simplesmente abrisse os olhos para as lições que se apresentavam diante dele, todas as mensagens sutis que abençoavam o mundo comum. As árvores, os pássaros e, especialmente, as criaturas da terra que corriam perto de seus pés... tudo tinha algo a ensinar a respeito da compaixão. Francisco percebeu que esta era a única lição que ensinaria a Leo – o verdadeiro significado da compaixão. Se aprendesse apenas isto, os segredos do Céu com certeza seriam revelados a ele.

— Leo, acho que cometi um engano — disse Francisco rompendo o silêncio e parando. — Tenho receio de ter deixado de fora da prece de hoje o ingrediente mais importante: a alegria.

— Não estou entendendo — disse Leo. — O que tem a alegria a ver...?

— Ah, a alegria é um dos meios mais importantes. Sem ela as lições que lhe passo seriam como morder um naco de fruta azeda. Com certeza satisfaria a sua fome, mas o deixaria sem apetite para a próxima refeição. Percebo agora que não deveria levar estas lições tão a sério. É melhor aprender a arte da compaixão com um sorriso do que com o rosto duro e estudado.

— Você nunca mencionou antes a arte da compaixão, irmão Francisco. Fale-me mais a respeito disto.

— Bem, a oração de hoje é a respeito da compaixão. 'Permita que eu possa consolar, ao invés de buscar consolo'. É uma ideia muito estranha, a não ser que entendamos a natureza sutil da verdade, que tem como base uma simples lição – 'O Senhor Nosso Deus é Uno'. Jesus também nos disse que Ele é a vinha e que nós somos os seus ramos. Alguém consegue separar a raiz do tronco, o tronco dos ramos ou os ramos da vinha? Cada parte se estende a partir da outra, constituindo um organismo completo que chamamos de árvore. O que pode isto significar a não ser que somos unos com a Unicidade de Deus?

— E mais, se isto é verdade, se realmente não somos separados uns dos outros, assim como não somos separados de Deus, então tudo que fazemos, tudo que damos, é recebido por nós no instante em que é dado. Aquilo que fazemos para os outros, não importando quão distantes pareçam, fazemos para nós mesmos. O que quer que damos aos outros, independentemente de seu custo, damos a nós mesmos. Percebendo esta verdade, querido irmão, você entenderá as dádivas da Divina Compaixão.

— Então, a prece que você me deu — disse Leo — significa que eu deveria dar aquilo que penso que necessito? Se eu sentir a necessidade de consolo, então devo oferecê-lo aos outros, pois é a única maneira de perceber a verdade?

— De novo lhe digo, irmão Leo, só posso apontar o dedo em direção da verdade. Cabe a você compreender a experiência.

Os dois homens olharam para a margem da estrada e perceberam que havia alguém dormindo debaixo de uma árvore. Francisco, como se estivesse repentinamente tomado pela alegria, correu em direção da árvore e subiu em um galho que estava pouco acima do homem. Então começou a balançar-se para frente e para trás, seus pés quase atingindo aquele que dormia e começou a cantar uma canção que obviamente estava compondo para a ocasião.

— Mostre-me a estrada que leva à alegria... Sou seu servo, Senhor, seu garoto. Ajude-me a entender o caminho que percorremos... para que eu possa cumprir Sua vontade ao invés de falar.

O homem acordou de repente e viu Francisco se balançando a poucos centímetros de seu peito e, imediatamente, afastou-se até um ponto bem seguro daquele louco.

— Que diabos! — disse o homem. — O que está fazendo? Você não me viu ali dormindo?

— Estamos em pleno dia — disse Francisco, pulando do galho. — Será que você não é necessário na vinha do Mestre, nem está sendo solicitado para reformar o templo sagrado que está em ruínas?

— Estou dormindo porque estou deprimido — disse o homem enquanto juntava suas coisas em uma sacola. — Todos os meus amigos se foram para combater em alguma guerra santa e eu fiquei para trás chafurdando em autocomiseração.

Leo deu um passo atrás e parecia com medo de se aproximar mais do homem. Quando Francisco percebeu isto, dirigiu-se a Leo e disse-lhe:

— Irmão Leo, este homem está deprimido, buscando nosso aconselhamento. Vamos ficar ao seu lado e ajudá-lo a perceber a Luz.

Leo, no entanto, recusou-se a dar um passo na direção do homem e agiu como se estivesse tomado repentinamente pelo medo. Francisco voltou até onde estava o homem e sentou-se ao lado dele.

— Caro irmão, sinto muito em saber que seus amigos o abandonaram. Talvez não estejam tão distantes quanto parece. Diga-me, senhor, vive perto daqui?

— Vivo em Assis — respondeu o homem. — Uma praga caiu sobre minha cidade e atingiu os corações de muitos jovens soldados. O jovem Francisco Bernadone os seduziu e eles se retiraram para as cavernas e para as colinas para orar, deixando-me desesperado.

Francisco levantou-se novamente e caminhou em direção a Leo, que estava branco como um fantasma.

— O que está acontecendo? — perguntou Leo. — Que espécie de truque é este? Você sabe muito bem quem é este homem. É nosso amigo Renato, meu companheiro mais próximo antes de eu ter deixado Assis. Apesar disso, ele não reconhece nenhum de nós dois e, além disso, diz que Assis...

— Irmão Leo, ele é um amigo peregrino que está precisando do nosso amor. Vai negar a ele o consolo que está buscando?

— Francisco — disse Leo — meu coração chorou por Renato durante muitos anos. Quando deixei minha família para seguir o seu exemplo, não derramei nenhuma lágrima. Quando parti de Assis, deixando para trás as grandes muralhas de pedra que me viram nascer, não olhei nenhuma vez para trás com tristeza. No entanto, nunca esqueci este homem que agora está sentado ali tão perto de nós. Nós o deixamos para trás, todos os seus amigos e irmãos, e ele nos amaldiçoa e nos despreza desde então. Ele tem sido como uma úlcera que devora minha alma. Como é possível...?

— Por que você questiona o momento de sua cura? — Francisco perguntou. — Vá até ele e explique-se. Ele não o reconhecerá. Veja que bálsamo poderá aplicar em suas feridas e você descobrirá uma verdade dentro de si mesmo que até agora lhe escapou.

Leo afastou-se de Francisco parecendo incerto do seu próximo passo. Será que estava vendo uma aparição, um fantasma, uma projeção sombria de sua própria mente? Era impossível o que estava vendo. Não podia ser este homem aquele seu amigo de antigamente, pensou Leo, era apenas um homem cujo rosto tinha despertado uma memória escondida durante anos. Talvez ele tivesse imaginado as palavras que ouvira, a respeito de Assis e de Francisco Bernadone. Leo começou a reunir coragem e deu um largo passo à frente, ficando a poucos centímetros de distância do homem.

— Saudações, caro senhor, meu nome é Leo... irmão Leo. Você está me reconhecendo?

O homem levantou-se e olhou para Leo. Ele estava sujo, suas roupas em farrapos, mas quando Leo olhou dentro de seus olhos, soube quem o outro era. A sujeira e as roupas não conseguiam ocultar a verdade. Definitivamente era Renato, o amigo que tinha ficado para trás uma década antes.

— Não, nunca o vi antes — respondeu Renato. Você devia dizer a seu amigo para ser mais cuidadoso a respeito de onde se balançar. Ele poderia ter caído em cima de mim se eu não tivesse me movido.

Leo olhou para Francisco que estava sentado em uma pedra ao lado da estrada. O que quer que estivesse acontecendo, qualquer que fosse a origem daquele mistério, estava por conta de Leo apenas.

— Ouvi você dizer que seus amigos se foram e que você está sozinho — disse Leo. — Entendo como está se sentindo, pois ainda me lembro de um tempo em que me senti de maneira semelhante, deixando para trás um verdadeiro amigo e companheiro. Durante anos carreguei esta mágoa, por isso fiquei muito pesaroso ao ouvi-lo falar de sua má sorte.

— Por que abandonou seu amigo? — perguntou Renato. — Você não poderia tê-lo levado junto em suas aventuras, isto é, se realmente ele era o companheiro que você diz?

— Eu tentei — disse Leo. — Tentei compartilhar com ele a minha alegria, o modo pelo qual Deus tocou a minha alma e abriu os meus olhos. Entretanto, ele não queria seguir o caminho que escolhi e preferiu ficar para trás. Como eu gostaria que ele viesse visitar nossa casa para ver a simplicidade de nossas vidas. Talvez ele então mudasse seu ponto de vista e abrisse seu coração para seus irmãos.

— Por que você não foi até ele? — perguntou Renato. — Por que esperar que seu amigo se movimentasse, quando seus pés são tão bons quanto os dele? Talvez isto fosse tudo de que ele precisasse, um simples olhar que o libertasse do medo.

Francisco observava os dois homens que, sentados juntos debaixo da árvore, falaram por um longo tempo, mas Francisco não precisou ouvir suas palavras para saber o que estava acontecendo. Então ele percebeu que o sol estava prestes a se pôr nas colinas distantes e soube que o sonho que ele tinha criado estava quase terminando. Levantou-se e disse a Leo que já era hora de partirem.

Os dois homens ficaram olhando um para o outro durante um longo momento e seus olhos falaram mais do que quaisquer palavras pudessem exprimir. Então Leo abraçou Renato e disse adeus. Voltou até onde estava Francisco, que já estava começando a caminhar pela estrada.

— Parece que ele gostou do seu consolo — disse-lhe Francisco. — O seu coração também, alguma coisa mudou nele. Não é interessante que você tenha dado alguma coisa a alguém quando você mesmo estava precisando da mesma cura?

— Sim, é. — Isto foi tudo o que Leo disse, pois o estranho sonho tinha deixado um repentino impacto em sua vida. O que mais poderia ele dizer? A lição tinha deixado sua marca.

Que eu procure mais compreender, que ser compreendido

Os pés de Leo estavam começando a sentir cada vez mais as rochas aguçadas da estrada. Ele não tinha um verdadeiro par de sapatos já há muitos anos, desde que tinha deixado os bens mundanos que o aprisionavam à sua vida antiga. Agora ele não mais se prendia ao mundo, mas sim à própria terra. Esta havia sido uma das melhores lições aprendidas com Francisco, a diferença entre as riquezas do mundo e o abraço protetor da Mãe. As riquezas eram uma prisão, o abraço a chave, e os irmãos continuamente buscavam a liberdade de uma vida próxima ao solo.

— Ninguém se afasta muito da Graça de Deus quando vive bem próximo à Mãe — dizia frequentemente Francisco. — Nossos pés estão firmemente plantados no coração dela, mas seus braços fortes nos erguem para o Céu onde nossas almas podem voar. É muito melhor sermos pobres aos olhos dos homens mas ricos aos olhos de Deus. É por isso que vivemos desta maneira, livres das armadilhas e ardis dos arrogantes desejos. Deixem que seus pés se esfreguem nos dela, meus irmãos, como se cada passo fosse uma prece de gratidão pelas maravilhosas dádivas que ela derrama sobre todos nós.

Os pés de Leo tinham se esfregado no solo rochoso mais do que desejava naquele dia em particular e ele se perguntava se este desconforto fazia realmente parte do seu voto de simplicidade. Talvez um par de sandálias gastas fosse suficiente, por um lado para honrar o estilo de vida simples que ele amava e, por outro lado, para dar-lhe um pouco de conforto. Riu quando imaginou Francisco deste modo e, por um instante, esqueceu-se de sua dor e lembrou-se do motivo pelo qual tinha iniciado esta jornada.

Entretanto, Francisco estava sempre atento e percebeu que Leo estava mancando. Lembrou-se então da sua própria juventude e das finas roupas que vestia naquela época e, por um momento, desejou ter de novo o calor de sua antiga casa, com sua mãe olhando-o de sua cadeira e seu pai no canto contando o dinheiro ganho durante o dia na loja da família. Francisco nunca reclamou da maneira como havia sido educado, mas tudo mudou quando foi atingido pela febre do Divino. Da mesma maneira que São Paulo tinha sido derrubado do cavalo, os olhos de Francisco se abriram de repente, para sempre. O mundo antigo ficou para trás, substituído por uma vida de sujeira, fome e incerteza. No entanto, ele amava esta vida simples. De vez em quando uma memória vinha à mente, clamando por sua atenção, mas ele então se lembrava da dama que havia escolhido, a Senhora Simplicidade, e abria seus braços para ela.

— Leo, por que não paramos um pouco para descansar? Você mal abriu seu caderno nos últimos dias e não queremos voltar a Assis sem que tenha alguma coisa para mostrar aos outros irmãos. Rogo apenas que seja caridoso com seu lápis e veja, debaixo da sujeira e da minha pele, quem realmente eu sou.

— Desenho menos o que vejo com os olhos e mais o que sinto no coração — disse Leo a Francisco. — Entretanto, se for a poeira que nos define, então isto quer dizer que somos realmente muito ricos.

— Sabe, Leo, você já está pleno da sabedoria do Senhor Abençoado. É através dos olhos de Deus que você me vê, não através dos olhos da carne, que nada veem na realidade. Deus vê somente o que há de bom em nós e esquece os conteúdos terrestres. Eles existem aqui somente por um momento, no instante seguinte não mais, não correspondem nem a um piscar de olhos na eternidade. Porém, nossas almas, sim, isto é o que Deus ama, e quando nós também amamos desta maneira, então começamos a ver a verdade; vemos 'como Deus vê'. Voltamos a este pensamento por muitas vezes porque é a base da paz que você está buscando. Continue a ver desta maneira, meu caro irmão, e o Céu será seu, não quando morrer, pois a morte proclama o amor como se fosse irreal, mas aqui e agora, o único momento de verdade.

— Você fala destas coisas e eu fico maravilhado — disse Leo. — Meu coração se regozija quando ouço suas palavras, mas a minha mente se rebela. Não consigo entender, porque não faz nenhum sentido do meu ponto de vista. Como é que posso 'ver como Deus vê' quando sou apenas um simples mortal? Eu não precisaria estar na Mente de Deus para ter tal visão e, se eu levar em consideração tudo isto, não estarei cometendo uma blasfêmia?

— Algum dia você entenderá que a Mente de Deus é a única coisa que existe realmente — disse-lhe Francisco. — No entanto, agora abra os olhos e desenhe o que vê diante de si. Depois falarei mais a respeito deste mistério.

Francisco sentou-se em uma pedra e Leo tirou seu caderno debaixo do braço. Então olhou com atenção o rosto de seu irmão e tentou esquecer-se de tudo o que estava acostumado a 'ver'. Quantas vezes já tinha ouvido Francisco dizer-lhe que os olhos físicos não veem nada, exceto aquilo que não é essencial e que é perecível no final? A vida inteira de Francisco estava concentrada em ver todos que encontrava como sagrados, deixando de lado qualquer imperfeição humana para o poço de graça que define o Eu Superior. Conseguiria Leo capturar um rosto assim em seu caderno? Ou será que essa tarefa só caberia aos anjos que não desenham em papel terrestre, mas nas almas de cada um de nós?

Francisco podia sentir a confusão de seu irmão e lhe disse:

— Irmão Leo, sua prece de hoje deve ajudá-lo a ver além das indagações que perturbam sua mente. Concentre-se nestas palavras: 'Senhor, que eu possa compreender, ao invés de procurar ser compreendido'. Você crê ser impossível perceber a Mente de Deus, como se fosse apenas uma criatura sem necessidade de ascender ao trono da santidade. Estamos aqui por uma razão e é para 'Ver como Deus vê'. Eu já lhe disse antes que Deus vê tudo como se fosse uma única coisa, enquanto nós vemos tudo separado e distinto...

— Mas tudo é separado e distinto — replicou Leo. — Você e eu estamos em corpos diferentes e vivemos vidas diferentes. Diga-me, então, como podemos ser o mesmo?

— Somos o mesmo apenas em uma coisa, Leo, que, no entanto, é a coisa mais importante do mundo. Somos o mesmo na Santidade. Deus nos vê a todos como o mesmo porque somente graça flui da Mente de Deus. Olhamos ao nosso redor e vemos pecado, separação e guerra. Deus passa por cima destas ilusões e vê somente a verdade. O que é então a verdade? Simplesmente isto: quem você é, a verdade que existe em você, não pode mudar porque a Mente de Deus não pode mudar. Ela é e será sempre completa e perfeita. Portanto, tudo que vem de Deus é também completo e perfeito.

— Mas, e o pecado? — perguntou Leo. — Com certeza, Deus não quer isto em nós. Não consigo entender como passar por cima dessas coisas decaídas e corruptas.

— Não procure entender, Leo, mas sim ser compreendido por Deus. Esta afirmação parece opor-se à prece que lhe dei para hoje, não parece? No entanto, somente quando você é compreendido por Deus é que consegue atingir a compreensão mais profunda que foge ao intelecto. Você está tentando usar sua mente para compreender o que aparece somente no nível do coração. Seu intelecto é muito parecido com seus olhos físicos, percebe apenas aquilo que você permite. Se você construiu um mundo de sonhos e os fez parecerem reais, então como irá perceber a realidade mais profunda que sua mente e seus olhos não conseguem absorver de maneira nenhuma? Deus nos pede que busquemos a Visão da Santidade que é eterna, não o mundo que existe há apenas um minuto, e que desaparece com um único alento. Se conseguirmos, então veremos além dos olhos físicos e perceberemos um mundo onde a paz, a graça e o amor incondicional não são contraditórios de maneira nenhuma.

Leo pôs o caderno no chão, pois era impossível para ele desenhar com tantos pensamentos confusos.

— Irmão Francisco, sabe que eu o amo e que honro tudo que aprendi nesta viagem. No entanto, não consigo mais ouvir essas ideias que parecem contradizer tudo que já aprendemos. Existem no mundo aqueles que fazem o bem e tais pessoas devem ser recompensadas pelos seus atos de caridade. Existem outros que buscam destruir aquilo que é bom e estas pessoas merecem ser punidas por suas ações. Como pode Deus passar por cima das coisas que prejudicam aqueles que estão com o coração voltado para a misericórdia?

Francisco dirigiu-se até onde estava seu irmão e chutou sua

perna o mais forte que pôde. Leo tropeçou e, depois de apertar o ponto atingido, disse em voz baixa:

— Por que você me atingiu dessa maneira? Ficou tão ofendido pelas minhas palavras...

— Você cometeu um terrível pecado contra mim — disse Francisco voltando a sentar-se na pedra — e o castigo que recebeu foi bem merecido.

— O que fiz para merecer tal coisa? — perguntou Leo. — Só lhe pedi que me ajudasse a compreender...

— Na noite passada, quando eu estava dormindo, sonhei que estávamos andando juntos na estrada — disse-lhe Francisco em um tom suave. — De repente, sem qualquer aviso, você me golpeou do lado da cabeça e eu cai ao chão em agonia. O golpe me fez despertar do sono. Agora que estamos aqui eu me lembrei deste pecado e decidi dar-lhe o troco pelo seu ataque.

— Mas era apenas um sonho — disse-lhe Leo, esfregando a perna ferida. — Por que estou sendo castigado por algo que lhe fiz em seu sonho? A ofensa não aconteceu enquanto eu estava acordado, mas à noite, enquanto eu dormia deitado ao seu lado. É razoável punir alguém por um sonho que você criou em sua mente?

Leo parou e falou mais gravemente:

— Você já falou disto antes, sobre como nossas vidas são vividas como se fôssemos homens sonhando e sobre como nossas más ações desaparecem na mente de Deus. Parece que eu não aprendi minha lição. Você estava certo ao chutar-me.

— Você respondeu por si mesmo — disse Francisco enquanto se dirigia para seu irmão. — Quando entendermos a diferença entre aquilo que ocorre em um sonho e o que acontece na realidade, só então a Visão de Deus será nossa. Deus é Um, irmão Leo, e nós somos Um em Deus. Tudo que nos força a sermos separados e isolados nada mais é do que um sonho, e em tempo algum um sonho assim pode existir na Mente de Deus. Portanto, não há necessidade de castigar ofensas que nunca ocorreram na verdade, como você mesmo disse. Assim, sinto muito pela dor na sua perna, meu amigo, mas essa dor nada será se o ajudar a contemplar a verdade que não pode ser ignorada por Nosso Amado Senhor. Se é entendimento que busca, então aprenda a 'Ver como Deus vê' e o sonho da separação terá um fim por si mesmo.

Leo pensou se deveria dizer alguma coisa, mas nenhuma palavra lhe ocorreu. Entretanto, entendeu exatamente o que tinha acontecido, não com sua mente, mas com seu coração. Pegou seu caderno de desenho, colocou-o debaixo do braço e seguiu Francisco na jornada.

Que eu procure mais amar, que ser amado

Não havia maneira de Francisco e Leo saberem quando efetivamente entraram no território muçulmano. Não havia sinais, nem avisos, somente a mudança sutil que acelerou seus corações e os encheu de uma estranha antecipação. Francisco podia sentir seu destino chamando-o e não podia pedir a ele que aguardasse.

Quantos cruzados tinham passado na jornada que já os tinham alertado de sua sina se continuassem naquela missão insana? Os muçulmanos eram bárbaros, diziam, e não aceitariam de bom grado este assalto, não importando se estivessem ou não com boa intenção. Eles seriam torturados e mortos se fossem capturados e a grande missão que tinham assumido terminaria em desespero. Seria melhor rezar pelos bravos que defendiam a fé, diziam eles, do que gastar pérolas com aqueles sem fé, que estavam além da salvação pela misericórdia.

Todas as vezes que ouvia essa conversa, Francisco sorria e concordava. Em seguida ele e Leo partiam e continuavam em frente, sem se deixar dissuadir do seu objetivo sagrado. Em seus lábios levavam sempre uma bênção para homens que encontravam, mas havia uma voz ainda mais profunda que Francisco preservava para o sultão e seu povo.

— Que seja esta a sua prece de hoje — disse Francisco a Leo enquanto continuavam andando por um caminho onde ventava muito. — 'Senhor, permita que eu procure mais amar, que ser amado'. Percebe como estes três últimos dias nos prepararam para o teste final que está por vir? Não temos procurado ser consolados, nem compreendidos, nem mesmo amados, mas temos buscado nos tornar plenos distribuindo aos outros estas virtudes. Não há nenhuma diferença entre os soldados que deixamos e aqueles que buscamos, assim como não há diferença alguma entre você e eu. Aos olhos de Deus somos todos sagrados e a irradiação de Deus é Uma só. Que bom seria se alcançássemos esta visão acima de todas as coisas e víssemos todos através desses Olhos Abençoados. Certamente a graça se seguiria a esta visão e esta guerra se desfaria face a tamanha grandiosidade.

Chegaram a uma encosta do caminho e viram um homem de pé no meio da estrada, girando e girando como se estivesse em transe. Embora Francisco e Leo estivessem apenas a uma curta distância dele, o homem parecia não notá-los e continuava girando como um pião, uma das mãos apontando para a terra e a outra para o céu. Os dois frades o olharam com espanto, pois, por mais que ele girasse, não perdia o equilíbrio nem caía. Em cada giro eles podiam ver pelos olhos do homem que aquilo era mais agradável do que qualquer outra coisa em que Francisco pudesse pensar. O amor de Deus se refletia nesse dervixe como fogo, e Francisco começou a dançar no meio da estrada junto com o homem.

Subitamente os dois homens pararam e, como se o movimento tivesse sido ensaiado, curvaram-se um diante do outro em uma sagrada reverência. Leo ficou de lado observando, pois sabia que alguma coisa maravilhosa estava acontecendo diante de seus olhos. Francisco e o dervixe lentamente levantaram suas cabeças até que seus olhos se fixaram, presos uns nos outros e, por um instante, o mundo parou para prestar homenagem.

Alguma coisa acontece quando almas gêmeas se encontram que o mundo não consegue compreender. Existe uma chama que, após ter sido passada de uma vela para a outra, esquece por um momento a fonte original do fogo. De vez em quando essas velas se encontram e a memória da chama original se reacende e o fogo aumenta, como se reconhecesse o fato. Em toda a história do mundo houve apenas alguns exemplos em que isto ocorreu, quando duas pessoas da mesma espécie de chama se encandeceram e se lembraram da centelha que os fez. Esta foi uma dessas ocasiões.

Finalmente Francisco recobrou a voz e disse:

— Eu o saúdo em nome do Deus da Luz, santo dervixe. Que fogo é este que vejo queimando em seus olhos que acende uma chama ainda mais profunda em meu coração? É um espelho que vejo diante de mim, um vidro mágico que reflete não os contornos de meu rosto, mas a radiação de minha alma? É como se eu tivesse viajado para uma terra distante, muito longe de minha casa, para encontrar a mim mesmo nesta estrada. Diga-me qual é seu nome e como posso servi-lo, pois servindo-o dou glórias ao Amado.

O dervixe sorriu e disse:

— Meu nome é Maulana Ṛumi, frade. Seus olhos o enganam, como os olhos físicos fazem com frequência, pois não é meu rosto nem meu espírito que você contempla mas a face do Senhor Amado que nos olha a ambos e sorri. Você, que já mergulhou na Câmara Sagrada e se afogou no infinito oceano de luz, aonde você pode ir nesta terra sem me perceber? Pois eu não sou ninguém, nós desaparecemos juntos nas ondas suaves que fluem do coração de nossa amada. Somos seus brinquedos, seus joguetes, mas, para nós, ela é o útero da vida e desse útero nós renascemos.

Houve um longo silêncio entre eles e Leo se perguntou se tinham deixado de lado as palavras para alcançar a canção mais profunda que os lábios humanos nunca conseguem cantar. Os anjos têm ouvidos para escutar tais sons porque não são enganados pelos ruídos sem sentido que, muitas vezes, passam por fala. Ouvem as pausas entre as palavras e vivenciam a infinita possibilidade das mesmas. Não fosse por Leo caminhar em direção a eles e quebrar o encantamento, Francisco e Rumi poderiam nunca mais ter se mexido daquele lugar.

— Posso sentir a graça deste encontro — disse Leo — e me curvo perante o coração que bate em uníssono dentro de dois corpos.

Francisco piscou os olhos como se acordasse de um sonho, aproximou-se mais de Rumi e disse:

— Diga-me, Santo Homem, para onde está viajando, para que possamos caminhar ao seu lado por um certo tempo.

— Um homem que não existe não vai para lugar nenhum — disse Rumi. — Uma mão de sal se dissolve em um copo d'água até o ponto em que ninguém sabe dizer o que é água e o que é sal. Também nós nos dissolvemos no coração da Amada, assim nos tornando a Amada, perdendo o antigo eu que só era uma sombra comparada com este novo ser. Andaremos juntos, então, em qualquer direção para onde você for. Não importa se vamos para a frente ou nos afastamos do sol poente, pois o mesmo renasce a cada dia, assim como cada nova respiração que damos é uma nova vida a ser vivida.

Rumi juntou-se aos frades e continuou a andar com eles pela estrada. Francisco explicou-lhe sua missão, contou-lhe sobre o seu desejo de falar com o sultão e explicar o significado mais profundo da mensagem de Jesus. Rumi pareceu genuinamente comovido pelas palavras de Francisco e de repente, parou na estrada. Uma lágrima solitária caiu de seu olho e Leo novamente pensou como ele se parecia com seu irmão. Francisco dirigiu-se a Rumi e colocou a mão em seu ombro dizendo-lhe:

— Diga-me o que sua visão interior está sofrendo, para que eu possa chorar com você.

— Quando eu era jovem, fui criado para abraçar Alá e para defender os preceitos sagrados da Lei Islâmica. Entretanto, a Amada inflamou meu coração e descobri a lei maior da qual todas as coisas se originam. Não existe lei, religiosa ou civil, que possa eclipsar o que o amor revela, pois a lição do amor é uma só: 'Aquilo que eu lhe dou é por mim recebido'. Sinto que seus corações já descobriram esta verdade. Assim, deixo para trás estes corpos que parecem nos separar por um momento e contemplo esta lei enquanto passa por nós como uma névoa. E então, juntos, respiraremos este vapor para dentro de nossos pulmões e o seguraremos lá até absorvermos tudo o que ele possa nos ensinar. O que mais podemos pedir, uma vez que o fogo celestial tenha iluminado estas formas sagradas?

— Esta lei é o próprio fogo de que você fala — disse Francisco. — O que peço para você não pode ser removido da minha própria mão, pois na verdade existe apenas uma extensão do amor e da amorosidade de Deus. Cada um de nós é apenas um reflexo desse fogo e, se nos conscientizarmos da lei que diz que dar e receber são apenas um ato, então entraremos na corrente que nos leva para o oceano que dissolve nossos eus rachados e nos torna apenas um novamente. Então olharemos o mundo que contemplamos e diremos:

Quando estou com fome,
dê-me alguém que eu possa alimentar.
E quando estou com sede,
dê-me alguém a quem eu possa dar algo de beber.

E assim nossa fome será saciada, nossa sede satisfeita, não com alimento ou bebida da terra, mas com a Luz que flui da Amada para nossas bocas abertas.

— Vocês dois falam da Amada como se ela estivesse conosco agora — disse-lhes Leo. — Falem-me o que puderem a respeito desta senhora para que eu possa procurá-la e segui-la com o mesmo abandono que vocês.

Rumi riu alto e começou a correr em círculos como um louco.

— Como alguém pode descrever uma bebedeira? — gritou ele. — O fogo que enche a cabeça de um homem quando ele bebe e o movimento incerto de seus passos nunca pode ser descrito a uma pessoa cujos lábios nunca provaram o vinho. O que dizer da mulher que, de repente, vê com seus próprios olhos o homem que ela sempre vislumbrou em seus sonhos? Podem as palavras fazer você sentir o coração dela, que bate mais rápido toda vez que olha em sua direção? Seria melhor você ficar absolutamente quieto e não dizer uma única palavra para não perturbar o batimento do seu próprio coração. As palavras são apenas símbolos de símbolos e nunca conseguem aproximar-se do altar sagrado em que os amantes depositam suas vidas e sacrificam seus sonhos por um simples momento de arrebatamento. Você nunca conseguirá aproximar-se da Amada desta maneira, que virá a você da maneira que Ela quiser, assim como você sente o vento soprar mas nunca pode direcionar seu curso.

— Fale mais sobre esse fogo — disse Francisco com igual entusiasmo — pois suas palavras acendem a memória da voz da minha amada que me chamou do mundo da forma para seu abraço sem forma. Você fala com a mesma cadência dela, como se fôssemos ensinados juntos no leito dela. E como você disse, sua lei nos leva a perseguir não o amor dela, mas a dar a ela o amor que buscamos, não pedir seu abraço protetor, mas abraçar a todos e saber que cada pessoa a quem estendemos nossas mãos e a quem trazemos para perto de nosso peito é na verdade a Amada disfarçada.

— Então quer dizer que ela está em nenhum lugar e em todos os lugares ao mesmo tempo? — perguntou Leo.

— A pessoa que só bebe um copo de vinho está querendo partilhar os efeitos do seu aroma com qualquer um que perguntar — disse Rumi — enquanto que aquele que toma a garrafa inteira tenta descrever a sensação mas suas palavras são lentas e entrecortadas. E se uma pessoa estiver nadando em um oceano de vinho, cujo ser tenha sido completamente absorvido pelo seu abraço de bêbado? Essa pessoa será capaz de descrever o que sente, ou será que olha sobre as ondas daquele oceano com olhos que compreendem tudo o que as palavras não conseguem dizer? Eu lhe digo, frei, quando a Amada o chamar, tenha muito cuidado, pois ela é muito ciumenta. Não há nenhum pensamento que possa igualar sua graça e se você se atrever a pensar em outra, ela sairá voando de sua cama até que você venha de novo até ela, rastejando. Tal é o amor que ultrapassa tudo que o mundo mantém como caro.

— Meu querido irmão — disse Francisco a Leo — você fez uma boa pergunta e merece uma resposta. A Amada está realmente em qualquer lugar para onde você olhar, e ao mesmo tempo em lugar nenhum. Se você buscar seu conselho com o coração aberto, então o amor dela fluirá de todas as direções, de todas as pessoas que você encontrar. Este é o verdadeiro significado da oração que lhe dei hoje. Fica a cargo de sua vontade dar amor a todas as pessoas, ver a Amada em todas elas, chamando-a assim para o seu lado. Ela não consegue resistir a alguém cuja vida seja uma canção em sua honra, que olhe para todos os cantos esperando ver sua face. Na verdade, esta pessoa sentirá a sua irradiação, tanto na companhia de um pecador quanto na presença de um santo. Eles são a mesma pessoa para ela, e também serão para aqueles que a amarem. Procure-a nos olhos de qualquer pessoa que esteja diante de você e, então, certamente ela será sua.

— Eu compreendo — disse Leo. — Esta é a lei universal que une nossos corações com os corações de todos os seres. Se eu perceber que não preciso absolutamente de nada, então é melhor dar esta bênção para outro. Aí certamente a bênção será minha, pois essa pessoa não é separada de mim, mas intimamente ligada através da Visão da Amada.

— Santo frade, — disse Rumi — cabe a nós viver de acordo com esta mensagem, cantar esta canção para todos a quem encontrarmos. Então talvez aprendamos a concentrar-nos nos aspectos em que somos os mesmos ao invés dos aspectos em que somos diferentes. Talvez assim guerras como esta, que separam os amantes de Deus como nós, cessem para sempre.

Rumi viajou com Francisco e Leo pelo resto daquele dia e partiu quando o sol começou sua dança deslumbrante sobre os cumes das montanhas. Foi como se estivessem dizendo adeus a alguém que haviam conhecido durante a vida toda, tão íntimo tinha se firmado o laço entre eles. No entanto, sabiam que não era realmente um adeus, pois nunca deixamos realmente um ao outro. O que nossos corpos fazem não importa muito para corações que estão juntos para sempre.

Pois é dando que se recebe

Quando Leo viu os dois soldados islâmicos, já era muito tarde para interromper a terrível cena. Francisco já estava correndo na direção deles com seus braços abertos e a imediata reação dos soldados foi de dar medo. Um dos homens bateu na face de Francisco com o dorso de sua mão enquanto o outro batia em sua cabeça com o punho de sua espada. Quando Leo chegou perto, Francisco jazia sem movimento no chão, com sangue escorrendo de sua boca. Tudo então ficou escuro e Leo caiu inconsciente ao lado de seu irmão.

Foi impossível saber quantas horas se passaram. Leo foi o primeiro a abrir os olhos; sentou-se na pequena cela onde estavam sendo mantidos presos e olhou ao redor. Francisco estava enrolado como uma bola no canto e Leo foi se arrastando de joelhos até perto de seu amigo.

— Francisco... acorde — disse Leo. O som foi suficiente para tirar Francisco de seu profundo desmaio e, antes de sentar-se, ele pôs as duas mãos na cabeça ferida.

— O que aconteceu conosco? — perguntou Francisco. — Sinto como se minha cabeça tivesse sido partida em duas.

— Sabe onde estamos? Lembra-se de alguma coisa do que aconteceu conosco?

— Lembro que estávamos andando — disse Francisco enquanto tentava isolar a memória da dor que sentia. — Em seguida, lembro-me de ter ouvido a risada de um homem. Quando olhei para a estrada, meus olhos viram dois homens, soldados, mas sabia que não podiam ser cristãos. Meu coração saltou dentro de mim quando percebi que eram soldados muçulmanos e que o momento de nosso teste tinha chegado.

— Sim... foi quando eu também os percebi — disse Leo. — Aí vi você correndo em direção aos homens e os vi golpeando-o seriamente na cabeça... o golpe que agora está lhe proporcionando a dor que está sentindo.

— Então estamos presos — disse Francisco com excitação enquanto se levantava, quase batendo a cabeça no teto baixo. — Estamos presos nesta cela e estamos esperando o julgamento do sultão, que certamente vai nos ver. Este é o começo, irmão Leo, mas qual será o fim ainda é um mistério.

— E se este for o fim? E se formos esquecidos aqui, presos para sempre nesta escuridão? Então falharemos certamente e o nosso sonho terminará em pesar.

— Leo — disse Francisco, colocando sua mão no ombro de seu amigo — não podemos falhar nisto, pois a porta que o amor abre nunca mais poderá ser fechada pelo medo. Ficaremos aqui com os olhos bem abertos e com ouvidos prestando atenção ao chamado da Amada. Como poderemos deixar de saber em que quarto ela dorme, quando reconhecemos com tanta facilidade sua voz?

Foi então que ouviram o som de uma grande porta se abrindo e passos pesados se aproximando da cela. Francisco, que de repente parecia ter se esquecido da dor, encostou o rosto nas barras frias e tentou ver quem se aproximava à fraca luz do corredor. Um homem apareceu, de pele escura e olhos muito atemorizadores que não deixavam transparecer qualquer emoção. Trazia um pequeno bastão de madeira na mão e bateu-o nas barras de metal para forçar Francisco a voltar para a escuridão da cela.

— Fique longe das barras quando eu me aproximar da cela — disse o soldado com uma voz profunda e penetrante. — Vocês foram presos como espiões e seu destino logo será decidido pelo conselho de julgamento. Palavras e desculpas nada significarão para esses homens, pois sua culpa já foi provada e a sentença já está decidida. Dentro de poucos dias serão executados e então ficaremos livres de tipos como vocês.

Embora o soldado fosse duro e seu coração parecesse fechado ao amor, ainda assim Francisco se aproximou mais das barras, ainda que em espírito, para acarinhá-lo e tornar-se seu amigo. Ficou bem próximo das barras e disse:

— Caríssimo irmão, viemos até vocês não como espiões, nem com qualquer intenção maliciosa. Levamos em nossos corações uma mensagem para o seu grande líder, o sultão da Síria. Rogo-lhe que lhe transmita este pedido, contando a ele que dois mendigos arriscaram suas vidas para cantar uma simples canção, uma melodia que vem diretamente dos lábios de Deus.

O soldado fixou o olhar em Francisco através das barras e seus olhos pareciam fogo. Deu alguns passos à frente para ficar bem perto do santo e os dois se fixaram, um no outro, por longo tempo. Estava claro para Leo que o soldado queria atacar Francisco ou, pelo menos, desabafar sua fúria com palavras. No entanto, os olhos de Francisco estavam tão cheios de Luz que o soldado não pôde lembrar-se do que queria dizer e seu pulso cerrado relaxou-se e abriu-se ao lado de seu corpo.

— Verei o que posso fazer. Agora relaxe que vou lhes trazer

alguma coisa para comer.

O soldado saiu e fechou a pesada porta. Leo ficou de pé e andou na direção de Francisco.

— O que fez a ele? — perguntou Leo. — Eu estava seguro de que ele estava pronto para abrir a porta e bater em nós dois. Então houve alguma coisa no modo como você o olhou, um feitiço que jogou contra ele, que o desarmou completamente. Diga-me, por favor, o que fez para que eu possa aprender como usar essa força secreta também.

— Não houve nenhuma magia em meus olhos, nem houve qualquer força secreta que o tivesse mudado — respondeu Francisco. — Todas as suas lições levaram a este momento, Leo. Tudo que lhe ensinei até agora o conduziu a uma simples verdade, ou seja, que, quando você se aproxima por inteiro de outra pessoa, tem o poder de derreter até mesmo o coração mais duro. Quando começamos nossa jornada, você me pediu para ensinar-lhe o sentido mais profundo da paz e cada lição revelou um aspecto diferente da paz que ultrapassa todo entendimento. No entanto, hoje entramos em uma nova fase de aprendizado, uma fase na qual cada lição que você aprendeu até agora atinge um ponto específico da Luz.

— Fale-me, então, a respeito dessa Luz de modo que esta cela escura não me oprima tanto.

Francisco olhou profundamente nos olhos de Leo e disse:

— Esta é a lição que dá sentido a tudo: 'É dando que se recebe'. Está começando a ver como a verdade é simples, Leo? Se eu tivesse entrado em confronto com aquele homem com raiva, ele nos atingiria com força maior e detesto pensar em como nosso destino poderia ser outro. Ao invés disso, fiquei pensando no meu verdadeiro desejo, o amor, que é minha única missão verdadeira, sendo a cura o meio de alcançar este objetivo. Assim, desejando apenas amor, eu só dei amor e você presenciou o resultado por si mesmo. Como poderia o soldado manter-se nas sombras quando a Luz havia se espalhado de repente em tudo ao seu redor?

A imensa porta abriu-se novamente e a luz de fora esparramou-se pela cela. Francisco e Leo puderam ver as silhuetas de dois homens dirigindo-se a eles e, quando a porta novamente se fechou, viram o soldado que tinha estado ali antes, acompanhado por outro vestido com um uniforme de oficial.

— Meu guarda me disse que vocês dois são loucos, — disse o oficial — que vocês vieram aqui para tentar uma audiência com o sultão. Isso é um plano para escapar à execução, pois sabemos que vocês são culpados do crime pelo qual estão sendo acusados.

— E que crime é esse, senhor? — perguntou Francisco.

— Vocês são ambos cristãos e isto é o suficiente. Por qual outro motivo estariam nesta região se não fosse para espionar nossas posições? Vieram vestidos como mendigos comuns, mas, por baixo de suas roupas, carregam a espada da falsidade.

— Eu expliquei ao seu companheiro o motivo pelo qual estamos aqui — disse Francisco em uma voz suave. — Temos uma mensagem para os ouvidos do sultão, somente para ele. Não viemos a seu país a pedido do exército cristão, mas contra seus conselhos e sua vontade. A mensagem que trazemos pode provocar um fim nesta guerra, pois vem do coração de nosso Criador.

— De que Criador está falando? — perguntou o oficial. — O Deus cristão ou Alá, a quem adoramos e amamos?

— Só existe um Criador em todo o universo e Ele não faz diferença nenhuma entre nós, independentemente do nome que escolhemos para nos dirigirmos ao Deus Uno. Eu adoro Alá da mesma maneira que você, pois o amor de Deus se expande de um único coração e penetra os muros escuros que erigimos e que parecem nos separar uns dos outros. Somos separados exceto em nossos sonhos, caro senhor, pois Alá nos ama com igual paixão e ternura.

Da mesma maneira que o soldado tinha feito antes, o oficial fixou o olhar através das barras, tentando sondar a peculiar energia que sentia vir do pequeno mendigo. Por mais que tentasse, não conseguiu manter-se no estado de desprezo, mas viu que seu coração começou lentamente a derreter-se e sua raiva desaparecer. Por ridículo que parecesse, começou a acreditar que aquele prisioneiro tinha um determinado dom que seu líder poderia preferir receber.

— Não há dúvida a respeito do seu destino — disse o oficial. — No entanto, farei, pelo menos, o sultão tomar conhecimento de sua presença. Se for desejo dele ouvir suas palavras, então nós os levaremos ao palácio, onde ele julgará sua mensagem e também seu crime. Mas, se ele recusar, então vocês dois serão levados à câmara de execução, onde darão seu último suspiro.

Os dois homens viraram-se e saíram da cela, abrindo a porta que levava à luz. Leo estava tão espantado quanto tinha estado antes, quando vira como o primeiro soldado tinha mudado tão rapidamente, mas estava começando a compreender o verdadeiro significado de todas as preces que vinha estudando.

— Tudo está começando a fazer sentido para mim, Francisco, todas as orações e lições que recebi desde que começamos nossa viagem juntos. Começamos pedindo para sermos feitos instrumentos da paz, como uma flauta suavemente tocada pelas mãos de Deus, que toca uma única nota. Então aprendi que o ódio é apenas a sombra do amor e que só quando olhamos além dessa sombra, passando através dela como se fosse uma nuvem, é que contemplamos a verdade. Foi como se o mundo inteiro começasse a nos ensinar as lições de paz e eu comecei a ver como a verdade realmente é simples. Quando creio que necessito de alguma coisa, não é melhor dar esse bem a outra pessoa? Só então eu perceberei que não estou separado dessa outra pessoa, mas unido a ela para sempre pelos laços do amor. Agora aqui estamos diante de uma ameaça de morte e, mesmo assim, permanecemos na Luz, dando o que nos é mais caro. Foi o amor que nos trouxe até aqui, Francisco, e seja qual for o final desta jornada, eu aprendi tudo o que posso esperar aprender durante minha vida inteira.

Dois dias se passaram e os frades não foram informados de nada. Duas vezes por dia, um criado lhes trazia uma tigela de restos de comida e um copo cheio de água e era bom poder falar com outra pessoa, mesmo que fosse somente por alguns momentos. Entretanto, o criado logo se retirava e eles ficavam novamente sozinhos, esperando e rezando para que seu pedido fosse atendido.

Leo aproveitou a oportunidade para continuar seu retrato, pois não queria morrer sem completá-lo. Geralmente esperava Francisco estar profundamente voltado a suas orações, quando não percebia que estava sendo observado, e o lápis corria no papel com facilidade. Mesmo se os outros frades na distante Assis nunca tivessem a oportunidade de ver a obra completa, Leo queria terminar sua tarefa sagrada. Talvez ela tivesse sido feita para o Céu, pensou ele, para ser pendurada em alguma galeria celestial como um símbolo de alguém cuja vida havia sido um puro reflexo do coração de Cristo. Tal pensamento encheu o coração de Leo de alegria.

Foi então que ouviram o ferrolho da enorme porta girar e o oficial entrou no corredor ladeado por dois guardas.

— Seu pedido foi atendido — disse o oficial em um tom formal. — Viemos para escoltá-los até o palácio do sultão, onde você dará sua mensagem a ele. Quando terminar, serão levados até o carrasco, que providenciará seu fim.

Então sua voz ficou suave, como se ele realmente se preocupasse pelo destino dos frades.

— Sinto muito que devam terminar desta maneira, pois acredito que vocês são homens santos. No entanto, estas são as ordens do sultão e sou obrigado a obedecer.

— Guarde sua pena para outra ocasião — disse Francisco enquanto os guardas acorrentavam suas mãos. — Você nos prestou um grande serviço e nós aceitaremos qualquer destino que o sultão decidir. Não seja enganado pela morte, meu amigo, pois ela realmente nada significa. Quando você deixa um amigo em um aposento e entra em outro, seu amigo não chora e pensa que você se foi para sempre. Levante sua voz e ele o ouvirá do outro quarto. Da mesma maneira, se morrermos hoje, ainda assim não estaremos fora de alcance. Mantenha-me no coração e eu estarei novamente ao seu lado e você me ouvirá sussurrando em seu ouvido. Sim, não importa o que aconteça, estaremos bem.

Leo pegou o caderno, colocou-o debaixo de seu hábito e os dois homens foram levados de sua cela.

É perdoando que somos perdoados

A corte se agitava nervosamente enquanto o sultão vociferava na direção do seu conselheiro.

— Decidi brincar com os mendigos e não quero que você questione meu julgamento.

— Mas, Alteza, por que perder tempo com estes homens insignificantes? Eles entraram no acampamento como ovelhas no covil dos lobos. Mande-os para o carrasco antes que tenham a oportunidade de perturbar nossas mentes ainda mais.

— Do que você está falando? — berrou o sultão, levantando-se do seu trono. — São viajantes indefesos que pensam ter uma mensagem de Deus. De uma vez por todas, vou mostrar a esses ladrões qual Deus é o verdadeiro e qual é uma ilusão.

— Os soldados têm falado a respeito, Alteza. Parece que estes não são homens comuns, mas sim feiticeiros. Todos os que entram em contato com eles andam agora em um estado de torpor e parecem prestes a abandonar esta guerra e se tornar a favor da paz. E se os rumores forem verdadeiros? E se eles foram enviados até aqui pelos cristãos para subverter nossos planos e enfraquecer nosso intento? Certamente, seria melhor...

— Não me diga o que é melhor. Você está perigosamente prestes a perder sua cabeça, portanto, se eu fosse você, seria bem cuidadoso ao resolver até que ponto levar adiante esta discussão. Quero estes homens diante de mim e quero ser o juiz deles. Se forem loucos, então eu vou me divertir durante algum tempo antes de mandar matá-los. Se forem tão perigosos quanto você diz, então vão aprender como o antílope se sente no instante em que o leão rasga sua jugular. De qualquer maneira, o que lhes acontecerá é decisão minha.

— Sim, Alteza. Vou trazê-los à sua presença agora mesmo.

O sultão sentou-se em seu trono com um olhar de suprema autoridade no rosto. Afinal, há muito tempo ele já havia se provado nos campos de batalha e certamente não seria ameaçado por dois homens vestidos com farrapos, ainda que fossem mágicos.

— Não existe mágica nesta terra que possa eclipsar minha coragem — murmurou para si mesmo. — Ouvirei sua mensagem e então farei o que eu quiser com eles.

As imensas portas trabalhadas que levavam à câmara real lentamente se abriram e o sultão viu os dois homens descalços de pé na entrada. Sua aparência era ainda pior do que esperava, mas, mesmo assim, ele podia sentir alguma coisa rara que parecia irradiar de Francisco e de Leo, fazendo com que os trapos que vestiam parecessem as mais finas peças de armadura. Francisco, por seu lado, olhou para o sultão esplendidamente vestido e pensou por um momento que ele estivesse vestindo farrapos, tal era a estranha energia que circulava entre os homens.

— Não fiquem aí parados como tolos — berrou o sultão. — Fiquem aqui, diante de mim, e entreguem sua mensagem.

Francisco e Leo começaram a longa caminhada da porta até

o grande trono do sultão. Francisco lembrou-se da primeira vez em que tinha estado perante o papa e do medo que sentira durante mais ou menos o primeiro minuto. Entretanto, no instante em que seus olhos se encontraram, as finas vestes e joias desapareceram e ele reconheceu o papa como um irmão. Os olhos do sultão se pareciam muito com os olhos do homem do qual ele estava se lembrando, mas então Francisco viu um relâmpago em chamas atirado em sua direção e percebeu que finalmente chegara a hora do grande teste.

— Quem vocês pensam que são para solicitar uma audiência comigo? — perguntou o sultão. — Obviamente, vocês são pobres mendigos que foram provavelmente forçados a deixar sua própria terra. Agora vêm perturbar-me com suas proclamações piedosas. O que os faz pensar que Alá usaria tolos para entregar uma mensagem a um grande rei?

Francisco não disse uma palavra, mas olhava o sultão com enorme compaixão. Seu peito parecia crescer e expandir-se, como se Deus estivesse insuflando vida em seu coração. Seus olhos cerraram-se por um momento enquanto rezava uma prece silenciosa; em seguida, olhou novamente para o sultão e disse:

— Está certo, grande senhor, somos tolos e a mensagem que lhe trazemos também é tola. Na verdade, nosso Mestre e Senhor foi também um tolo, pelo menos aos olhos dos homens letrados, pois suas palavras e compromissos não fizeram sentido para as mentes racionais deles. No entanto, deixe-me fazer-lhe esta pergunta, grande rei. O senhor já esteve enamorado?

O sultão sentiu-se incerto se deveria responder à pergunta, mas foi claramente enredado pelas palavras que ouvira.

— É claro que já estive enamorado, por muitas mulheres — respondeu, rindo alto. — Você deveria lembrar-se de que tenho muitas esposas e cada uma delas sentiu o peso do meu amor.

— E quando está enamorado — continuou Francisco sem interromper-se — seu modo de ser continua racional, ou fica como eu, um tolo dançando de alegria, sem qualquer preocupação? Talvez seus assistentes reais tenham olhado para o senhor e dito "O que aconteceu com nosso rei? Está se comportando como um bêbado".

— Ninguém ousaria dizer uma coisa assim — disse o sultão.

— Sim, estou certo de que o senhor está cercado por servos leais, mas, mesmo assim, o senhor deve se lembrar de ter sido possuído pelo amor e de tudo que via ter mudado.

O sultão ficou olhando para Francisco e sentiu uma estranha sensação dominando-o.

— Sim, eu me lembro, homenzinho. Mas o que tem isto a ver com...

— ...a loucura que eu trago? — disse Francisco. — Existe uma coisa que quero dizer-lhe, grande senhor, que ultrapassa o poder de qualquer exército do mundo. Rogo-lhe que suporte apenas por mais um momento minha tolice e eu lhe transmitirei o que aprendi.

O sultão concordou acenando com a cabeça e sentou-se novamente no trono. O que quer que estivesse acontecendo à sua frente, ele tinha um insuperável desejo de ir até o fim. Então decidiria qual seria o próximo passo a seguir, fosse para mandar decapitar os homens como tinha dito antes, ou para poupar suas vidas. Lembrar-se de que a decisão era sua e somente sua fez com que se sentisse poderoso novamente.

— Quero que entenda algo que se tornou a verdadeira base de minha vida — continuou Francisco. — Cresci acreditando que Deus pune aqueles que não seguem o caminho demarcado pela Igreja Cristã e foi esta a verdadeira razão que provocou esta guerra terrível. Os cristãos acreditam que seu Deus é o único Deus verdadeiro e, antes que qualquer pessoa perceba o que está acontecendo, nos juntamos no campo de batalha, espada contra espada, sangue e mais sangue derramado, até que um lado ou outro fique de pé no final. É assim que decidimos qual Deus é verdadeiro.

— O que quero dizer-lhe é muito simples, grande senhor, e, se tiver ouvidos para escutar estas palavras, então o senhor será como eu, um amante da paz. Aquele a quem chamo de meu Mestre, Jesus de Nazaré, não concorda com a posição da minha igreja. Ele, na verdade, pregou um evangelho que se opõe a cada detalhe desta guerra. Ele nos disse: "Amem seus inimigos, façam o bem a quem os odeia, abençoem a quem os amaldiçoou e rezem por aqueles que tenham abusado de vocês". Entende o que quero dizer? Esta guerra não é uma guerra santa, de maneira nenhuma, pois como podemos nos opor à própria base de nossa fé e ainda assim clamar que estamos certos?

— Diga-me então, mendigo, por que seu exército me ataca desta maneira? Se o que você diz é verdade, então não há razão para nós lutarmos.

— Grande senhor, vim aqui pedir-lhe para que faça uma coisa que chocaria os líderes da minha igreja mas que eu acho que é a única maneira de pôr um fim a esta terrível guerra. Estou lhe pedindo para ser um cristão melhor do que eles, para inalar os verdadeiros ensinamentos de meu Mestre e deixar que eles lhe revelem o espaço interno, ao senhor que compreende o que é a paz. Talvez se eles o virem vivenciando esta verdade, isto os inspire a fazer o mesmo.

Francisco respirou profundamente e aguardou uma resposta. O sultão, enquanto isso, não conseguia acreditar no que estava ouvindo. Estava sendo solicitado a tornar-se um cristão e, além disso, melhor do que os outros cristãos? Tentou absorver a ideia, mas era tão absurda, tão insana, que ele irrompeu em gargalhadas. Então, tão rapidamente quanto tinha começado o acesso de riso, ficou novamente em silêncio e olhou profundamente nos olhos de Francisco.

— Diga-me, mendigo, por que deveria eu poupar sua vida? Você veio à minha corte e hipnotizou-me com suas palavras simples e, em seguida, espera que eu me converta à sua fé. Seus olhos me forçam, mas será preciso mais do que isso para convencer-me a depor minha espada.

Repentinamente, Francisco foi tomado pelo espírito do Senhor e caiu de joelhos. Cerrou então os olhos e ergueu suas mãos acima da cabeça e começou a rezar em voz alta:

Senhor, fazei de mim um instrumento da Vossa paz.
Onde houver ódio, que eu leve o amor.
Onde houver ofensa, que eu leve o perdão.
Onde houver dúvidas, que eu leve a fé.
Onde houver desespero, que eu leve a esperança.
Onde houver trevas, que eu leve a luz.
Onde houver tristeza, que eu leve a alegria.
Senhor, permita que eu procure mais
Consolar, que ser consolado,
Compreender, que ser compreendido,
Amar, que ser amado.
Pois é dando que se recebe,
É perdoando que somos perdoados,
É morrendo que nascemos para a vida eterna.

Leo não sabia se tinha respirado durante a oração, mas pensar sobre o ar pareceu trazê-lo de volta a seu corpo e ele encheu seus pulmões no mesmo instante em que seus olhos se enchiam de lágrimas. Todas as orações aprendidas durante a jornada vieram juntas e ele entendeu de repente o verdadeiro significado da paz, não com sua mente mas com seu Eu inteiro. Quando olhou para o sultão, Leo percebeu que ele estava vivenciando uma sensação semelhante. Seus olhos estavam fechados e sua cabeça estava inclinada para trás, tão levemente, dando a impressão de que ele estava perdido em êxtase. Nesse momento, Francisco levantou-se e caminhou diretamente para o sultão e, quando a guarda real se adiantou para intervir, o grande líder abriu os olhos e fez um sinal para que os soldados se afastassem.

— Grande rei — disse Francisco — esta é a única coisa que vim dizer-lhe. Descobri como é simples a verdade e pensei que, se o senhor compreendesse isso como eu, então nossos povos poderiam viver em paz. Peço-lhe que desculpe minha presunção, mas a Luz que vejo é tão brilhante que, por isso, quis que o senhor a visse também.

O sultão levantou-se e caminhou em direção a Francisco; então, envolveu-o com seus braços fortes e começou a chorar. Leo olhava a cena com enorme espanto, assim como todos naquele imenso aposento. Em seguida, o sultão afastou-se, enxugou os olhos e falou:

— Você é um mágico, tal qual me disse meu conselheiro. O feitiço que lançou construiu uma ponte entre dois grandes oceanos – minha mente e meu coração. Você, na sua simplicidade, mostrou-me a vacuidade da minha vida e, de repente, lembrei-me da canção que cantava quando era jovem, que me convidava a amar todas as criaturas deste mundo. Entretanto, tudo mudou e eu me atirei nesta guerra, esquecendo-me da magia do amor e da tolerância. Seu Mestre é verdadeiramente muito sábio, homenzinho, e me faria bem seguir suas palavras.

— O senhor então vai acabar com esta guerra e promover a paz que sente agora dentro de si? — perguntou Francisco.

— Vou tentar — respondeu o sultão. — A guerra é um assunto complicado e requer muito pensamento e oração. Mas prometo que tentarei e, quando meu povo perguntar a respeito da súbita mudança de atitude, direi que um mendigo italiano disse umas poucas palavras que mudaram minha vida. Sim, é isso que direi quando me perguntarem.

Leo estava de pé ao lado de Francisco e o sultão sorriu para ambos.

— Como sentença, eu os perdoo agora, como vocês me perdoaram. Não há dádiva que eu possa dar que seja maior do que a que recebi. É isso o que aprendi hoje e agradeço a Alá por esta revelação.

O sultão convidou Francisco e Leo para ficarem com ele durante o tempo que quisessem, mas os frades sabiam que os outros irmãos e irmãs de sua ordem estavam aguardando-os. Portanto, agradeceram ao sultão sua graça, viraram-se e partiram, começando a longa jornada de volta para casa.

É morrendo que nascemos para a vida eterna

Dias haviam se passado, embora o brilho que sentiam do encontro com o sultão não houvesse se dissipado. Francisco e Leo encontraram muitas pessoas na estrada enquanto faziam sua lenta jornada de volta a Assis, tanto cristãos quanto muçulmanos, e todos pareciam sentir a mudança, como se o sultão estivesse mantendo sua promessa e a Grande Cruzada estivesse prestes a terminar. A alegria de Francisco era plena, pois ele tinha cumprido sua grande missão, independentemente do resultado. A oportunidade de ficar diante do sultão e falar-lhe da mensagem real de Jesus tinha sido suficiente para ele. O resto estava nas mãos de Deus.

Francisco olhou para Leo e percebeu que ele estava carregando seu caderno debaixo do braço, fora de seu hábito. Isto lhe pareceu estranho, pois era costume de Leo guardar o caderno sob a túnica, protegido do vento e da chuva. A princípio Francisco não disse uma única palavra a respeito desta mudança, mas a pergunta ficou pressionando-o até que não pôde mais ficar em silêncio.

— Irmão Leo, percebi que você está carregando seu caderno

fora do hábito hoje e esse não é seu costume. Diga-me, mudou alguma coisa que o faz agora sentir-se livre para expô-lo ao ar livre?

— Só uma coisa mudou — respondeu Leo. — Eu terminei o retrato. Viajamos juntos durante semanas e aprendi tantas lições com você. Agora, pela graça de Deus, parece que todas essas lições encontraram seu caminho em direção à página onde desenhei seu rosto e, nessa página, um milagre ocorreu, um milagre que estou ansioso para compartilhar com você.

Francisco ficou visivelmente excitado e disse:

— Por favor, Leo, conte-me este milagre, pois significará para mim muito mais do que um desenho de meu rosto.

— Eu vou lhe contar — disse Leo — mas primeiro preciso fazer-lhe uma pergunta. Quando estávamos diante do sultão e você juntou todas as lições que me deu em uma simples oração, houve uma linha que fez soar um acorde dentro de mim.

— Que linha foi essa, irmão?

— Foi a linha final: 'E é morrendo para nós mesmos que nascemos para a vida eterna'. Tenho pensado a respeito desta linha por muitos dias e ela me levou a uma compreensão muito profunda da paz. Tudo que você me ensinou levou-me a esta experiência, a compreensão de que devemos morrer para a definição que temos de nós mesmos para lembrarmo-nos de quem somos realmente. Quando liberamos esta ideia, este conceito que não tem nenhuma relação com a realidade e descobrimos a verdade interior, e essa verdade, como um nascimento, nos liberta.

— Irmão Leo, estou muito contente que Deus tenha inspirado essa compreensão. Você realmente atingiu seu objetivo de entender a paz que ultrapassa qualquer compreensão.

— Fiz isto observando você — disse Leo a Francisco. — Sua vida ensinou-me mais do que suas palavras, pois foi nessa demonstração que eu entrei na experiência que palavra nenhuma consegue descrever. Enquanto observava a maneira como você vive sua vida, entendi o objetivo que o motiva mais do que qualquer outro. Sua meta é dissolver-se no oceano da santidade e tornar-se um com o Senhor Amado. Desta maneira, qualquer separação desaparecerá e você perceberá o altar de Deus onde ele verdadeiramente está – dentro de si mesmo. Você não tenta ser como Jesus, pois então ainda estaria separado d'Aquele a quem ama. Seu objetivo verdadeiro é tornar-se Cristo e, assim fazendo, ver tudo através dos olhos d'Ele. Só então a ilusão de separação desaparecerá, para ser substituída para sempre pela Luz que não conhece qualquer treva.

Francisco não disse nenhuma palavra, mas continuou andando com seus olhos voltados para o chão. Leo compreendeu o que ele estava sentindo, pois Francisco nunca revelaria isto, seu desejo mais secreto. Ele era a essência da humildade e era isto, talvez mais do que tudo, que o trazia até o coração de Cristo. Seu único desejo sempre tinha sido imitar Jesus tanto quanto fosse humanamente possível. Entretanto, algo tinha mudado dentro dele, uma pequena agulhada que fez nascer uma experiência totalmente nova, a de ser uno com Jesus, dentro de seu coração, batendo juntos em perfeito ritmo. Francisco entendeu todas estas coisas, mas nunca tinha expressado nenhuma delas em voz alta.

— Então, esse retrato que você desenhou de mim, reflete a Luz que você viu, irmão Leo?

— Acredito que este retrato é a própria essência de sua oração, Francisco. Tudo o que aprendi a respeito da paz, especialmente esta lição final, foi canalizado neste desenho. Você me ensinou o que significa morrer para a ideia do eu e aceitar a realidade do Eu Perfeito que Deus percebe. Isto é tudo o que vi em você, meu irmão, e porque dar e receber na verdade são a mesma coisa, vejo isto em mim mesmo. Esta é a maior dádiva que eu poderia esperar alcançar.

— Mostre-me, então, este retrato que é o resultado de tão grande revelação — disse Francisco. — Suas palavras me convenceram que seu desenho tem valor maior do que a pessoa que posou para o mesmo. Talvez os outros venham a ver a imagem e sintam as lições que você aprendeu, recolhendo deste retrato a própria essência da paz que buscamos.

Leo tirou o caderno debaixo do braço e mostrou a Francisco o retrato que tinha desenhado. O vento parece que parou de soprar e os pássaros nas árvores ficaram em silêncio enquanto ele olhava. O mundo inteiro aquietou-se enquanto Francisco mergulhava nos olhos dessa face perfeita, pois não era sua face, mas sim a face de seu Amado Jesus.

— Isto é o que aprendi: — disse Leo — olhar além do que veem os olhos físicos e ver apenas a face de Cristo. Você desapareceu de minha vista para sempre e foi substituído pela visão de santidade de nosso grande Mestre. Olho em seus olhos e vejo Jesus, como se ele estivesse comigo neste momento. E ele está, na verdade, pois a face de Cristo é a verdade em todos nós, e quando buscamos esta verdade acima de todas as coisas, é o que nossos olhos sempre veem.

Francisco começou a chorar, pois sabia que Leo tinha aprendido o verdadeiro significado da paz. Então limpou os olhos, pôs sua mão no ombro de Leo e disse:

— Vamos para casa, Leo. Nossos irmãos estão nos esperando.